東日本大震災

石巻市における復興への足取り

―家政学の視点で生活復興を見守って―

（一社）日本家政学会東日本大震災生活研究プロジェクト
　　石巻専修大学復興共生プロジェクト
　　　　　　共編
　　　大竹美登利・坂田　隆
　　　　　　責任編集

建帛社
KENPAKUSHA

Steps toward the Restoration after the Great East Japan Earthquake in Ishinomaki

—Watching over the restoration of individual life from Home economic viewpoint—

Supervised by
JSHE Research Project on Living Condition after 3.11 Disaster
Recovery Project of Human Coexistence of Ishinomaki Senshu University

Edited by
Midori Otake
Takashi Sakata

©The Japan Society of Home Economics,
©Ishinomaki Senshu University, 2016
Printed in Japan

Published by
KENPAKUSHA Co., Ltd.
2-15 Sengoku 4-chome, Bunkyoku, Tokyo 112-0011, Japan

目　次

序章　復興に向けた5年間の取り組み　　　　　　　　　　〔坂田　隆〕1

1. 生活復興に向けた生活研究プロジェクトの5年間の取り組み
   　……………………………………………………………〔坂田　隆〕…2
   - （1）石巻専修大学の復興共生プロジェクト………………………………2
     - 1）プロジェクトの発足………………………………………………2
     - 2）プロジェクトの基本的な考え方…………………………………2
     - 3）センター的機能整備事業に採択…………………………………3
     - 4）復興共生プロジェクトの成果……………………………………4
     - 5）復興共生プロジェクトの今後……………………………………4
   - （2）日本家政学会東日本大震災生活研究プロジェクトの方向性…………4
     - 1）生活研究プロジェクトの発足……………………………………4
     - 2）生活研究プロジェクトの基本的な方針…………………………5
     - 3）研究メンバー……………………………………………………6
     - 4）研究対象…………………………………………………………6
   - （3）生活研究プロジェクトの具体的な進行………………………………7
     - 1）2011年度　準備段階……………………………………………7
     - 2）2012年度　プロジェクトの本格稼働…………………………8
     - 3）2013年度…………………………………………………………9
     - 4）2014年度………………………………………………………10
     - 5）2015年度………………………………………………………10
   - （4）成果の社会還元………………………………………………………10
     - 1）『東日本大震災　ボランティアによる支援と仮設住宅―家政学が見守る石巻の2年半―』……………………………………………11

2）第1回現地報告会 ·· 11
　　　3）熊本地震への対応 ·· 11
　　（5）新しい研究のかたち ·· 12
　　　1）動きながら考える ·· 12
　　　2）被災研究者の参加 ·· 13
　2．石巻市の被災状況の特徴と課題 ······························〔宮野道雄〕··· 15
　　（1）石巻市の被害 ·· 15
　　（2）被災者の生活空間の推移 ·· 17
　　（3）比較対象地震における仮設住宅の供給 ······································ 20
　　（4）石巻市の復興における課題 ·· 22

第1章　仮設住宅生活の課題を解決し復興へとつなげる　〔中島明子〕25

　1．石巻市における応急仮設住宅の供給プロセスと課題 ········〔生田英輔〕··· 26
　　（1）震災被災者の住まいの移動モデル ·· 26
　　（2）応急仮設住宅の供給プロセスと種類 ·· 27
　　　1）用　　地 ·· 28
　　　2）入居方法 ·· 29
　　　3）応急仮設住宅の仕様 ··· 30
　　　4）住戸／住棟計画 ··· 33
　　　5）グループホーム型仮設住宅／サポートセンター ························ 34
　　　6）みなし仮設住宅 ··· 35
　　（3）応急仮設住宅での生活 ··· 36
　　（4）仮設住宅に望まれること ·· 38
　　　1）生活の場としての応急仮設住宅 ·· 38
　　　2）みなし仮設住宅の拡大 ·· 38
　　　3）地域特性を勘案し地元工務店も巻き込んだ仮設住宅建設計画 ······· 39
　　　4）コミュニティ形成を視野に入れた仮設住宅 ······························· 39

2．5年間の仮設住宅住民調査からみえた生活復興への課題
　　　　　　　　　　　　　　　　　　　　　　　　〔山崎泰央〕…41
　（1）「応急」でしかない仮設住宅…………………………………………41
　　　1）不便を我慢することが前提の仮設住宅設計………………………41
　　　2）支援団体に支えられる暮らし………………………………………41
　　　3）住まうことを前提としない応急仮設住宅での生活………………42
　（2）開成・南境地区応急仮設住宅の現在………………………………43
　　　1）居住者数の推移………………………………………………………43
　　　2）生活再建後の住まい…………………………………………………44
　　　3）復興公営住宅の課題…………………………………………………44
　　　4）応急仮設住宅に取り残される人々…………………………………44
　（3）応急仮設住宅の住み心地……………………………………………45
　　　1）収　　納………………………………………………………………45
　　　2）暑さ・寒さ……………………………………………………………46
　　　3）遮　音　性……………………………………………………………47
　　　4）生活環境………………………………………………………………48
　　　5）室内環境………………………………………………………………48
　（4）近所づきあい…………………………………………………………48
　（5）仮設住宅団地以外の友人・知人とのつきあい……………………49
　（6）「仮の生活圏思想」に基づく仮設住宅……………………………51
　（7）東日本大震災の復興過程から学ぶもの……………………………52

第2章　生活再建から復興へ～支援を糧に　　　　　　　〔佐々井啓〕53

1．活躍したボランティアとその受け入れ体制づくり………〔萬羽郁子〕…54
　（1）災害とボランティア活動……………………………………………54
　（2）石巻市における支援団体の受け入れ体制づくり…………………55
　　　1）石巻市災害ボランティアセンターが設置されるまで……………55

2）石巻市災害ボランティアセンターの運営開始……………………………57
　　3）石巻災害復興支援協議会の誕生……………………………………………58
　　4）石巻市社会福祉協議会と石巻災害復興支援協議会のその後の活動………59
　（3）石巻市におけるさまざまな支援のかたち…………………………………60
　　1）災害支援の経験豊富なスタッフが所属する団体……………………………61
　　2）外部支援者による専門性を生かした活動を継続する団体………………62
　　3）被災者が立ち上げた団体……………………………………………………65
　　4）災害支援から地域を支えるための支援へ…………………………………67
　　5）それぞれの特長を生かした3つのグループの支援団体による活動から
　　　　見えてきたもの……………………………………………………………69
　（4）東日本大震災の経験を生かして……………………………………………71
　　1）石巻から全国へ………………………………………………………………71
　　2）支援の力を最大限に生かすために…………………………………………72
2．支援物資をどう生かすか……………………………〔久慈るみ子，小川宣子〕…75
　（1）食に関する支援物資の実態と課題…………………………………………75
　　1）震災後の食事支援の概況……………………………………………………75
　　2）食品の配布方法………………………………………………………………76
　　3）炊き出しの開始………………………………………………………………76
　　4）炊き出しの献立………………………………………………………………76
　（2）衣に関する支援物資の実情と課題…………………………………………77
　　1）中古衣料について……………………………………………………………78
　　2）支援物資の保管場所と仕分け場所…………………………………………78
　　3）支援物資に関する情報収集と発信…………………………………………78
　（3）柔軟な組織と民間からの発信………………………………………………79
3．楽しみの共有―手芸や料理を通して……〔野田奈津実，佐々井啓，小川宣子〕…81
　（1）生活教室の活動……………………………………………………〔佐々井啓〕…81
　（2）手芸教室から生活支援へ…………………………………………〔佐々井啓〕…82
　　1）製作・販売を目指す特定非営利活動法人へのインタビュー……………83

2）生活支援の一環として……………………………………84
　　3）今後の課題………………………………………………85
　（3）被災者による郷土料理教室………………………〔野田奈津実〕…85
　　1）第3回郷土料理教室………………………………………86
　　2）アンケート結果・感想……………………………………89
　　3）今後の課題………………………………………………90
　（4）地域住民が提案する，特産物「わかめ」の可能性……〔野田奈津実〕…91
　　1）石巻わかめ料理創作グランプリ…………………………91
　　2）小冊子の作成……………………………………………93
　　3）石巻わかめ料理創作グランプリを終えて…………………93

第3章　将来を担う子どもたちに夢を託して　　〔浜島京子〕　95

1．被災した学校の教員が取り組んだ仕事と今後の課題……〔吉井美奈子〕…96
　（1）学校の被害状況……………………………………………96
　（2）被災した学校教員が置かれた状況…………………………97
　　1）震災直後のようす…………………………………………97
　　2）避難直後から数日間のようす……………………………99
　　3）学校再開に向けての準備と支援…………………………100
　　4）学校再開後のようす……………………………………101
　（3）今後必要とされること……………………………………101
　　1）災害時の教職員への負担の軽減…………………………101
　　2）新しいルール作り………………………………………102
　　3）長期的なケア……………………………………………103
2．石巻西高校生へのインタビュー調査………………………〔浜島京子〕…105
　（1）石巻西高等学校の取り組み………………………………105
　（2）石巻西高校生へのインタビュー…………………………107
　　1）震災時のようす…………………………………………107

2）避難状況および避難所などの生活……………………………………108
　　3）現在の生活課題・思考………………………………………………109
　　4）震災後の地域での活動………………………………………………110
　　5）将来の生活設計………………………………………………………110
　（3）高校生にとっての震災体験・経験の重み………………………………111
　コラム：被災地のあしたを支える活動……………………〔吉井美奈子〕…113

第4章　石巻市の良さを復興につなげて未来をつくる　〔小川宜子〕　115

1．生活復興を支える地域産業支援……………………〔李　東勲, 石原慎士〕…116
　（1）石巻市の水産業について……………………………………………………116
　　1）水産加工業の重要性…………………………………………………116
　　2）水産加工業の収益性の低下…………………………………………118
　（2）震災後の公的支援……………………………………………………………119
　（3）被災した産業の状況…………………………………………………………121
　　1）復旧・復興の地域間格差……………………………………………121
　　2）水産業界の復旧・復興状況…………………………………………122
　（4）被災企業の状況………………………………………………………………122
　　1）被災企業の現状………………………………………………………123
　　2）事業再開後の売上高および出荷状況………………………………124
　　3）被災企業の課題………………………………………………………126
　（5）被災地の復興と産業の持続に向けて………………………………………127
　　1）被災企業の内部問題と支援活動……………………………………127
　　2）被災企業の風評被害と支援活動……………………………………128
2．生活文化の継承に向けた活動………………………………〔小川宜子〕…130
　（1）石巻市の概況………………………………………………〔小川宜子〕…130
　（2）石巻市の食文化を担う店…………………………………〔小川宜子〕…131
　　1）割烹　大もりや………………………………………………………131

2）島津麹店 …………………………………………………………… 133
　　　3）割烹　滝川 ………………………………………………………… 134
　　　4）お魚の店　魚長 …………………………………………………… 135
　（3）地域と結びついた商いをする店 ……………………………〔小川宣子〕… 136
　　　1）観慶丸本店 ……………………………………〔坂田　隆，小川宣子〕… 136
　　　2）中村サイクルセンター ………………………………〔坂田　隆〕… 137
　（4）伝承芸能：雄勝法印神楽 ……………………………………〔久慈るみ子〕… 139
　　　1）雄勝地区における法印神楽 ……………………………………… 139
　　　2）津波で失ったもの ………………………………………………… 140
　　　3）雄勝法印神楽の復活 ……………………………………………… 142
3．石巻市の復興にみる新たな胎動 ………………………………〔中島明子〕… 144
　（1）若者が住まいとまちを再生する ……………………………………… 144
　（2）芽生え―若者が動く …………………………………………………… 145
　（3）合い言葉は「世界で一番面白い街をつくろう」
　　　ISHINOMAKI2.0 …………………………………………………… 147
　（4）暮らしの場をクリエイティブにデザインする ……………………… 150
　　　1）さまざまなプロジェクトを手がける巻組 ……………………… 150
　　　2）COMICHI石巻プロジェクト …………………………………… 151
　（5）空家活用・道の復元―そこに新たな文化を創造する …………… 152
　　　1）日和キッチン ……………………………………………………… 152
　　　2）服のお貸し屋さん　日和スタイル ……………………………… 153
　　　3）石巻こけし　Tree Tree Ishinomaki …………………………… 155
　（6）もう一つの車文化　カーシェアリング …………………………… 156
　（7）半島の浜の再生と森をつなぐ ……………………………………… 157
　　　1）浜の新しい再生のカタチを探る　Caféはまぐり堂 …………… 158
　　　2）雄勝の森と海と人々をつなぐ　MORIUMIUS ………………… 159
　（8）震災を契機になぜ新しい動きができたのか ……………………… 162

終章　震災をバネに生活者に優しい石巻をめざして　　〔大竹美登利〕165

　（1）震災復興に向き合う家政学……………………………………166
　（2）石巻の生活再建に貢献した支援団体の役割と生活支援………166
　（3）支援のあり方を探る——地域産業支援と伝統的生活文化の継承……167
　（4）復興に向かう生活者の生活課題を解決する……………………168

終章付録　「石巻モデル」キーパーソンへのインタビュー…〔大竹美登利〕…171

　大槻英夫氏 ………………………………………………………………171
　伊東孝浩氏 ………………………………………………………………174
　坂田　隆氏 ………………………………………………………………177
　■インタビューから災害ボランティアセンター成功の秘訣を探る………179

序章　復興に向けた5年間の取り組み

　日本家政学会と東日本大震災の被災地の最前線で活動する石巻専修大学は2012年5月に協定を締結し，少なくとも10年間は継続する「日本家政学会東日本大震災生活研究プロジェクト」を立ち上げた。このプロジェクトは，石巻専修大学にとっては震災直後に立ち上げた「復興共生プロジェクト」の一環であり，日本家政学会としては特別委員会の活動となっている。

　プロジェクトに参加している石巻専修大学の教員は，被災地を訪れたさまざまな機関・団体が調査をしては去って行き，調査をされた人には成果が何であったのか何もわからないという状況を目にしてきた。そこで，2014年に『東日本大震災　ボランティアによる支援と仮設住宅—家政学が見守る石巻の2年半—』(建帛社刊)を出版するとともに，2015年には石巻で現地報告会を開き，協力していただいた石巻の方々に成果を報告した。本書はそれ以降のプロジェクトの成果を報告するものである。

　序章では，このプロジェクトの背景を理解していただくために石巻専修大学と日本家政学会がプロジェクトを立ち上げた経緯や現在までの活動内容を概説し，この研究の過程で浮かび上がった新たな研究のかたちについて紹介する。次に，阪神・淡路大震災や新潟県中越地震などの先行事例と比較することによって東日本大震災の特質を具体的に整理し，今後の復興への足がかりを提言する。

1. 生活復興に向けた生活研究プロジェクトの5年間の取り組み

　ここでは，家政学の専門家の集団である日本家政学会と，東日本大震災の最前線にあり発災当日からさまざまな活動[1]をしてきた石巻専修大学とがどのような経緯でこのプロジェクトを始めるにいたったかについて述べ，研究の経過とその過程で得られた新たな研究の進め方について，家政学会員であり，発足時に石巻専修大学長でもあった立場から紹介する。

(1) 石巻専修大学の復興共生プロジェクト
1) プロジェクトの発足
　まだ水道もガスも復旧していなかった2011年3月23日に石巻専修大学では東日本大震災のあと二度目の学部長会を開いた。午後2時から5時まで大学の基本的な姿勢の確認や当座の対応について熱い議論が続いた。
　その中で「やられっぱなしはおもしろくない。私たちにしかできないことをしよう」という発言が相次いだ。「被災地の最前線にあって，学生や教職員の多数が被災者でもある大学として，研究される側，調査される側にもまわろう」という発言もあった。一同の総意で「被災地にある大学として地域の防災と復興に関するさまざまな事業を行う」ことを決めた[1,2]。

2) プロジェクトの基本的な考え方
　震災直後の状況の急激な変化に迅速に対応するために，学長と大学開放センター長，共創研究センター長の3人で相談して決定することを決めた。自治体や近隣の教育機関，国内外の大学や学会などと連携することなども決めた[2]。
　具体的な進め方については「細かく決めすぎない」，「動きながら考える」という基本方針が自然発生的に決まった[2]。事務職員も積極的にアイデアを出して，私たち3人の考えを整理してくれた。私たちは，このプロジェクトを本学の将来を担う教職員のトレーニングの場でもあると考えていた。

文部科学省私学部の皆さんも強い関心をもってくださり，電話や電子メールで緊密なやり取りが行われた。その過程で浮かび上がってきたことも含めて，プロジェクトの概念図を作った。

5月には「復興共生プロジェクト」という名前もついた。本学では被災地の只中にあって，学生が6名犠牲となり，学生や教職員のおよそ3分の1が被災者であった。したがって，地域を支援するという立場にはなく，地域の人々とともに立ち上がっていこうという思いを「共生」という文字にこめた[1]。

もうひとつ学長として強く主張したのは「石巻専修大学の教育と研究を高度化する」ことを最終的な目的にすることであった[1]。石巻専修大学は私立大学で，経費の85％以上を学生諸君からの納付金でまかなっている。被災地以外から来ている学生もいる中で，こうした納付金を原資にして支援活動をするのは筋が通らないと私は考えた。現在の，あるいは将来の学生に利益が還元されるような活動を行うべきであろうと考えたのだ。

3）センター的機能整備事業に採択

文部科学省でも大学でのこうした種類の活動を支援する仕組みを大急ぎで構築し，「大学等における地域復興のためのセンター的機能整備事業」として公募を行った。

幸いに，私たちが申請した「石巻専修大学における復興共生プロジェクト推進のためのセンター的機能整備事業」も採択された[3]。この事業では，石巻圏域の産業復興，本学の防災能力強化，復興関連情報の発信の3点を取り組みの柱に掲げて事業を展開してきた。

公的資金によって行われた「センター的機能整備事業」の対象には制約があり，復興共生プロジェクトの事業でも，参加料が発生するサイクリングイベントであるツールド東北などはセンター的機能整備事業の中には入っていない。また，2012（平成24）年5月に復興共生プロジェクトの一環として石巻専修大学と日本家政学会は協定を結び，東日本大震災以降の生活復興の調査研究と被災者を支援する活動を行っているが，こちらは日本家政学会の資金や学術振興会科学研究費などを原資として活動している。

4）復興共生プロジェクトの成果

　復興共生プロジェクトではさまざまな調査研究や開発，産業支援，生活支援，ときには演奏会や夏祭り，スポーツイベントなどを行ってきた。こうした活動を通じて多くの教員がこれまでの専門の外側に踏み出して，新たな経験を積んでいる。職員も，新たな形での社会連携など，多くの経験を積んだ[1-3]。

　その結果，被災企業の代替生産の仲介やサバだしラーメンの開発[4]，救命胴衣となる自動車用シートカバーの開発[5]，水産業および水産加工業の人材育成[6]などによる被災企業支援や，買い物支援や子どもたちの遊び場作りなどの生活支援[7]，被災した地域の復元立体地図の作成[8]，被災地観光を推進する学生たちによる旅行代理店の開業[9]といった観光支援などが始まった。また，ボランティア団体のリーダーを巻き込んだ「復興ボランティア学講座」は石巻専修大学の看板講義となり，市民や高校生にも開放した授業とオンライン配信によって多くの人に受講されている[10]。このように，復興共生プロジェクトは初期の目的に沿った方向で進んでいると考えている[2]。

5）復興共生プロジェクトの今後

　阪神・淡路大震災後の経緯を参考にすると，東日本大震災以降の状況がひとまず落ち着くまでに少なくとも20年はかかると私は考えている。したがって，被災地に位置する石巻専修大学としては，これから少なくとも15年間は復興共生プロジェクトを終了するわけにはいかない，ということになる[2]。

　被災直後ほどではないが，熊本地震の発生のように，これからも状況は変化し，予想していなかった問題が出来するであろう。したがって，復興共生プロジェクトの柔軟な運営を心がけると同時にプロジェクトの当初の精神を尊重し，建学の精神に基づいて自らの方向を自ら考える私立の高等教育機関であることを強く念じながら活動を続けていくことが重要だと考えている[2]。

（2）日本家政学会東日本大震災生活研究プロジェクトの方向性

1）生活研究プロジェクトの発足

　日本家政学会は東日本大震災の直後から具体的な対応を検討したが，直ちに

具体的な行動を起こすことはあえて控えた。不用意な活動によって被災者に負担をかけることをおそれたからである[11]。被災した学会員に対して2011年度大会の参加費を免除するなど無理がない形で対応を始めるとともに、日本家政学会阪神・淡路大震災調査特別委員会による阪神・淡路大震災の研究[12-15]も踏まえて学会としてどのような活動をするべきかを検討した。

その結果、被災地にあって以前から地域と密な連携をしており、発災当日から避難所などへの施設の開放をしていた石巻専修大学と共同で研究プロジェクトを進めることを決定した。当時学長であった坂田が家政学会の会員でもあったので、家政学会と石巻専修大学をつなぐ役目を担った[11]。

2012年5月に日本家政学会と石巻専修大学は「大震災直後の生活上の困難状況、ならびに復興に取り組む中での生活上の課題を明らかにし、家政学の視点から生活支援体制を確立するとともに、今後の生活のあり方を追求する」ことを目的として協定を結び、「日本家政学会東日本大震災生活研究プロジェクト」を発足させた[11]。阪神・淡路大震災の経験から東日本大震災の被災地に一応の落ち着きがもたらされるまでには20年程度かかると考えて[1]、少なくとも10年間は協定を継続することを念頭に置いた[11]。

2）生活研究プロジェクトの基本的な方針

このプロジェクトの進め方についての基本的な考え方には石巻専修大学の復興共生プロジェクトと共通するところが多い。

東日本大震災は被災地が広範囲で、しかも高齢化が進行した地域での災害であった。こうした状況を考えて、性急に具体的な問題設定をすることを控えて被災者や支援者などとの人間関係の確立を優先し、こうした人々とのお付き合いの中から課題を抽出することにした[11]。

石巻圏域の行政機関や地域住民、支援団体などとの関係がすでにできていた石巻専修大学のメンバーが窓口となり、家政学会員のメンバーと現地とをつなぐ役目を担うとともに、現地の感覚や被災者としての感覚を研究に盛り込む役割も担った[11]。

3）研究メンバー

　家政学は家庭や生活という視点で衣食住を始めとする多様な領域を考察する学問であるが，このプロジェクトでは，それぞれの専門に引きこもるのではなく，広い視野と関心をもつことを心がけている。そのため，調理教室や手芸教室に住居や児童の専門家も積極的に参加するといった，分野を超えた活動を行っている。これは研究に客観性を付与するだけでなく，それぞれの研究者の幅を広げることによって，研究者として成長することも意図している。

　プロジェクトが最低でも10年間，おそらくはそれ以上継続することを考えて若手の研究者を中心に据え，ベテランの研究者は若手を支援するという研究組織をつくることとして，家政学会員から公募で研究員を募った。また，現地の学会員には個別にお願いしてプロジェクトに加わっていただいた。

4）研究対象

　石巻専修大学からは，ボランティア団体などと連携して仮設住宅の調査や被災者支援などの活動を始めていた山崎，離半島部の被災者や在宅被災者の調査や支援，被災企業の支援などを始めていた石原および李に加わってもらった。彼らの活動を通じた地元とのパイプはこの研究の重要な鍵であった。坂田は行政や教育機関，石巻市内の老舗などとの連絡や調整を担当した。

　調査地には石巻市を選んだ。石巻専修大学が位置しており，開学以来の市と大学との連携の積み重ねがあることが大きな理由である。同時に，犠牲者の数でも経済的な損害でも最も大きな被害を受けた基礎自治体であることや，合併によって離島や半島，沿岸部の漁業や林業，内陸部の農業や林業，平野部の商工業など，多様な産業構造をもっていることも大きな理由であった。

　プロジェクトの開始にあたっては大学の近くにある開成，南境両仮設住宅団地を主な調査地に選んだ。東日本大震災被災地で最大の仮設住宅団地であるとともに，抽選によって被災前の居住地とは無関係に被災者が入居したので，コミュニティの再構築が大きな課題になると予想されたからである。これに対して，もともとコミュニティが密であった牡鹿半島や雄勝から，地区ごとに仮設住宅に移った人々や，避難所や仮設住宅に行かずに自宅で暮らしていた在宅

被災者も対象として調査することとした。一方で，民間の賃貸住宅などの家賃を自治体が肩代わりする「みなし仮設住宅」に暮らす被災者や，自力で自宅を再建した被災者などへの調査は手薄となっている。

　さらに，研究の進行に伴って石巻圏域の教育関係者や高校生への聞き取りを始めた。被災地の学校の多くは否応なしに避難所となり，教職員は慣れない業務に忙殺された。また，子どもたちも被災地の混乱の中で困難な時を過ごした。こうしたことの影響を捉えたかったからである。

　一方で，営業を再開した老舗の方々への聞き取りも始めた。石巻旧市街では被災直後はほとんどの店舗が開業できなかったが，やがて飲食店や商店が再開されていった。これは地域住民の生活には物心両面で大きな支えとなったが，なぜ業務を再開できたのか，どのような思いで再開したのか，今後どのように地域の復興とかかわるのかを明らかにしたかったからである。

　神楽や郷土食を担う方々への聞き取りも始めている。被災によって神楽の衣装や調理環境といった文化を支える物的な環境がどのようになっているのか，その結果，神楽や料理がどのように変化しているのか，地域の文化の復興と，それを支える人材がどのようになっているのかを調べる必要を感じたからである。

（3）生活研究プロジェクトの具体的な進行
1）2011年度　準備段階

　2011年5月に行われた日本家政学会大会の際に当時の日本家政学会の主要メンバーと坂田がプロジェクトの設置についての話し合いを始めるとともに，研究員を募集した。9月には石巻市や東松島市に赴いて，現地の状況を視察するとともに，両市の市長や被災者支援団体の関係者への協力依頼を行った。また，研究資金を確保するために坂田が代表となって学術振興会科学研究費の申請を行った。

　11月には研究員が集まって，プロジェクトの実質的なスタートとなる第一回の研究会を行い，先述したような研究方針を決定した。また，日本家政学会阪

神・淡路大震災調査特別委員会の報告書の説明も行われた。

　12月には石巻専修大学で研究会を行い，石巻専修大学の取り組みや同大学からのメンバーの活動状況を報告した。プロジェクトが本格的な活動を始める前に，現地の複雑な状況を理解してもらうことが重要だと考えたからである。

　2012年3月には聞き取りやボランティアネットワーク会議への参加，郷土料理教室など，実際の活動が始まった。

2）2012年度　プロジェクトの本格稼働

　2012年5月，東日本大震災生活研究プロジェクトが日本家政学会の特別委員会として組織されることになった。石巻専修大学でもこのプロジェクトへの大学としての参加が機関決定されており，これに基づいて日本家政学会と石巻専修大学の間で協定が締結された。プロジェクトが長期にわたるので，両機関の担当者が交代しても継続的に活動が担保されるように，機関決定に基づいた文書による合意が必要だと考えたからである。

　前年度に申請した科学研究費基盤研究B「東日本大震災後のコミュニティの生活再建プロセスにみる課題解決の方法」（代表坂田隆，2012～2016年度）が採択され，活動の資金的な根拠を得た。

　5月11日に研究会を行い，インタビュー分析の視点と予備調査と仮設の設定などの今後の研究計画や調査データの保存と共有方法，2012年度の衣と食に関するイベントなどについて話し合った。これらについては，2011年度からの支援組織とのやり取りの中から出てきた要望を加味している。

　衣のイベントとしては，組紐教室などの手芸教室を延べ6回行った。また，食のイベントとして親子料理教室を行った。さらに，被災地の子どもたちとの接し方を考えるための講演会も行った。

　一方，石巻市とも連携した石巻市街地および郡部地域の仮設住宅の住民や在宅被災者への大規模なアンケート調査や支援団体への聞き取り調査が始まった。

　11月に行った研究会では，石巻市の被害状況や住民基本データの概要[16]をメンバーで共有するとともに，仮設住宅住民へのアンケート調査の結果[17]やボランティアグループへの聞き取り調査結果[18-21]，被災者に提供された食事状況の

分析結果[22, 23]などが報告された。また，調査の過程で炊き出しの衛生マニュアルを作ってほしいという依頼がボランティア団体からあったので，約20頁のブックレット[24]を製作することとなった。

3）2013年度

5月に行われた日本家政学会第65回大会で2012年度末までの活動を会員に報告した。

6月に開いた研究会では研究の取組み課題を整理して2013年度の研究計画を策定した。実際の調査等にはなるべく全員で参加するが，石巻市街地では山崎が，飯野川や雄勝では石原が，牡鹿半島や石巻中心市街地では李がコーディネーターを担当することが決まった。また，衣類関係の支援物資の流れや備蓄に関する調査を行うことも決まった。ここまでの調査・研究の成果を社会に還元するために書籍を出版することも決まった。

2013年度の聞き取り調査では仮設住宅の自治会関係者や小中高校の教員に対象を拡大した。

支援活動としては手芸教室や手芸作品の商品化の検討，被災者による郷土料理教室を行った。

2014年3月に開いた研究会では2013年度の活動を集約するとともに，この研究の成果報告である『東日本大震災　ボランティアによる支援と仮設住宅―家政学が見守る石巻の2年半―』の具体的な内容や『炊き出し衛生マニュアル』の刊行について報告された。また，手芸教室からの発展として，被災者が製作する組紐を国際会議の名札用ストラップとして販売することも報告された。さらに，被災者へのインタビューについては東京学芸大学の倫理審査を受けることも決定された。2014年度の活動計画としてはわかめ料理創作グランプリの開催，炊き出しメニューの栄養評価の論文投稿，伝統食の伝承をテーマとした料理教室，石巻の伝統食・行事食の聞き取り調査，手芸教室，支援団体への追加インタビュー，被災者へのアンケート調査，居住環境調査，仕事支援プロジェクトを行うことを決定した。

4）2014年度

5月の日本家政学会第66回大会で東日本大震災生活研究プロジェクトを行い，2013年度の取組みを中心に報告を行った。

2014年度の調査では仮設住宅の自治会関係者や石巻出身の支援組織リーダー，郷土芸能の担い手，石巻市街地の老舗経営者への聞き取り調査を行った。また，すでに聞き取り調査を行った支援組織のリーダーや支援組織を抜けた旧構成員にも聞き取りを行った。自宅を再建して転出する人が増える時期の仮設住宅のコミュニティの問題点や支援組織の撤退や現地化の実態，石巻に根付いてきた老舗がどのようにして復興しようとしているのかを探る目的があった。

被災した石巻市北上町十三浜のわかめの消費拡大と新たな食文化の創生をめざして，石巻わかめ料理グランプリを10月12日に開催した。これには生産者，観光協会，教育機関など多方面の支援を受けた。

5）2015年度

5月に盛岡で行われた日本家政学会第67回大会では市民公開シンポジウムで本プロジェクトの内容を紹介する機会を得た。

2015年度の調査では，いわば定点観測ともいえる雄勝および牡鹿の被災者への聞き取り調査に加えて，社会福祉協議会や支援学校，包括ケア職員など，障害者や福祉にかかわる方や小中高校の教員への聞き取り調査を行った。さらに石巻圏域の全高等学校の生徒約1,200名を対象とした大規模アンケート調査も行った。

石巻の伝統食・行事食を調査するために，食生活改善推進員への聞き取り調査も行ったが，本来の主題以外にも被災前の石巻各地の暮らしや被災時の状況，現在の暮らしの問題点などについて貴重な情報を得ることができた。

（4）成果の社会還元

プロジェクトの開始当初に石巻専修大学のメンバーから研究の成果を被災地に還元することを意識して欲しいという強い意見が出た。震災直後にはさまざまな機関が被災地に入って調査を行ったが，被災者は似たような質問に繰り返

し答える日々で,「調査公害」という言葉も聞かれた。しかし,被災の最前線に位置して,構成員の3分の1が被災者である石巻専修大学が調査公害に加担することは許されない。したがって,このプロジェクトの成果はさまざまな形で調査に協力してくださった皆さんにお返しすることにしている。

1)『東日本大震災　ボランティアによる支援と仮設住宅　―家政学が見守る石巻の2年半―』

そのひとつが,プロジェクト開始3年目にあたる2014年5月に発行した『東日本大震災　ボランティアによる支援と仮設住宅―家政学が見守る石巻の2年半―』(建帛社刊)である。

プロジェクトのメンバーが分担して執筆したが,生活者の視点と,家政学の幅広さを活かすことを重視した。特に,被災者や支援者との信頼関係の構築を優先し,そこから課題を浮き上がらせるという手法や,石巻専修大学の教員の現場感覚に基づいて被災者を大きく2つのグループに分けて調査を行った点,初期の活動で明らかになった支援者の活動を通じて被災者の生活実態を把握するという視点などがユニークな点であった。さらに,こうした活動の過程で支援団体から要請された,炊き出し支援の分析と提案も日本家政学会ならではの成果だと考えている。

2)第1回現地報告会

2015年11月には,このプロジェクトの1回目の中間報告を石巻専修大学で行い,宮城県や石巻市,石巻市社会福祉協議会,さまざまなボランティア団体の方々や被災者の皆さん,地元の報道機関に研究成果を報告した。

3)熊本地震への対応

一方,2016(平成28)年4月に起こった熊本地震に際しては,日本家政学会東日本大震災生活研究プロジェクトの成果であるブックレット『炊き出し衛生マニュアル』を発災直後の4月23日に日本家政学会のホームページを通じて全文を無料公開し(http://www.jshe.jp/eiseibooklet.pdf),厚生労働省の平成28年度熊本地震関連情報の「避難生活での栄養・食生活支援について」のページで広く社会に紹介された。

さらに，本研究の成果として発表された「東日本大震災におけるボランティアによる炊き出しメニューの栄養評価からみた食品及び料理提案の試み」[23] も日本家政学会のホームページおよび研究者のためのソーシャルネットワークサービスであるResearchGate経由で全文を公開したところ，ResearchGateのみでも公開後1週間に100件以上の閲覧があった。炊き出しの内容についての具体的な提言を社会から評価されたものと考えている。

（5）新しい研究のかたち
1）動きながら考える

　私たちのプロジェクトは未曾有の大災害のあとの生活を研究するものであるが，震災直後の混乱期でもあったプロジェクトの最初の段階では何が問題であるかがはっきりとしていなかった。そこで，被災者や被災地で活躍するボランティア団体との人間関係をつくることをひとまず優先し，そのお付き合いの中から研究テーマを選び出すという方法をとった。

　時間の経過とともに被災地の状況は大きく変化してきた。避難所から仮設住宅，復興公営住宅へと被災者は移動し，支援組織は撤退したものもある一方で，そのまま現地化したものもある。さらに，大きな被害を受けた中心市街地の商店や料理店なども，被災を機に経営を一新して活動を再開しているところが少なくない。したがって，私たちは全体での研究会以外にもさまざまな方法で意見をやり取りして，例えば高校生に対する大規模調査を行うなど，研究内容を柔軟に変化させることを心がけている。

　こうした中で特に重要であったのは，料理教室や聞き取り調査の中で被災者が何気なく漏らす一言であった。例えば，郷土料理の教室では「仮設はせまいので，たくさんの料理は作れないし，大勢を招くこともできない」という発言があった。これを聞いたプロジェクトメンバーの野田は「いま，郷土料理が消える瞬間に立ち会っている」と感じて，行事食・伝統食の調査を始めることにした。今回の執筆にあたって，聞き取りのテープ起こし原稿を読み返すこととなったが，インフォーマント（情報提供者）の発言には重要な提起が多い。研

究プロジェクトも5年が経過して第二の時期に入ろうとしているが，第二段階の研究には聞き取りの過程で明らかとなった課題も反映させたいと考えている。

2）被災研究者の参加

このプロジェクトにはもうひとつ特徴がある。それは，プロジェクトメンバーに被災した石巻専修大学の教員が複数参加していることである。こうした教員は被災者の気持ちを理解しやすいだけでなく，同じ被災者という立場もあって，調査対象者にアプローチしやすいという有利な面もある。また，石巻に居住していることで，地元のさまざまな住民との付き合いもあるので，老舗の調査などではお願いをしやすいということもあった。同様の研究で必ずしもこうした条件が期待できるわけではないが，今後の災害復興研究では地元の教育・研究機関と連携した組織の構築が重要だと思われる。

引用・参考文献

1) 坂田隆：震災復興と大学の使命．ソーシャルワーク学会誌，2014；28；21-34．
2) 坂田隆：復興共生プロジェクト．東日本大震災　石巻専修大学報告書，2016；5；51-53．
3) 前掲書2），中込真二：石巻専修大学における復興共生プロジェクト推進のためのセンター的機能整備事業．13-15．
4) 前掲書2），李東勲，石原慎士，鈴木英勝：石巻専修大学経営学部地域活性化研究会地域貢献活動・復興支援活動A　産業WG．20-25．
5) 前掲書2），山本憲一：津波による自動車災害を踏まえた安全な自動車および自動車利用法の開発．17-19．
6) 前掲書2），前田敏輝，鈴木英勝，福島美智子，角田出：水産業および水産加工業の復興（人材育成）．37-41．
7) 山崎泰央：遊びを通して地域がつながる　こどもの遊び場づくりと地域づくり　石巻専修大学における「プレイパーク」の実践について．東日本大震災　石巻専修大学報告書，2013；2；132-134．
8) 前掲書2），益満環，高橋智：石巻市沿岸部の復元立体模型の製作．34-36．
9) 石巻かほく　メディア猫の目：地域内旅行はお任せ　石巻専大生が業務認可取得「復興の一助に」，2014年12月17日掲載．

10) 前掲書2），山崎泰央：復興に関連した情報の発信　復興ボランティア学．45-48．
11) 大竹美登利：日本家政学会東日本大震災生活研究プロジェクトスタート．東日本大震災　ボランティアによる支援と仮設住宅—家政学が見守る石巻の2年半—（日本家政学会東日本大震災生活研究プロジェクト編），建帛社，pp.1-14，2014．
12) 丹羽雅子，今井範子：阪神・淡路大震災調査研究特別委員会報告　阪神・淡路大震災に関する関西支部（被災地域）会員アンケート調査報告［その1］—自由記述式による—，日本家政学会誌，1995；46(10)；985-989．
13) 丹羽雅子，今井範子，野田隆：阪神・淡路大震災調査研究特別委員会報告　阪神・淡路大震災に関する関西支部（被災地域）会員アンケート調査報告［その2］—自由記述式による—，日本家政学会誌，1995；46(11)；1101-1109．
14) 丹羽雅子，今井範子，中川早苗，三好正満，朴木佳緒留：阪神・淡路大震災調査研究特別委員会報告　阪神・淡路大震災に関する関西支部（被災地域）会員第2次アンケート調査報告［その1］—震災1年後の調査—，日本家政学会誌，1996；47(11)；1151-1158．
15) 丹羽雅子，朴木佳緒留，今井範子，長嶋俊介，西村一朗：阪神・淡路大震災調査研究特別委員会報告　阪神・淡路大震災に関する関西支部（被災地域）会員第2次アンケート調査報告［その2］—震災1年後の調査—，日本家政学会誌，1996；47(12)；1251-1256．
16) 前掲書11），中島明子：石巻市の被災と被害の状況．pp.15-34．
17) 前掲書11），山崎泰央：石巻市街地の仮設住宅今日従者の生活実態　住民へのアンケートからみる居住者の実態．pp.131-140．
18) 前掲書11），生田英輔：石巻復興支援協議会のボランティア活動．pp.53-64．
19) 前掲書11），萬羽郁子：ボランティア団体へのインタビューからみる生活復興過程．pp.65-76．
20) 前掲書11），加藤浩文：生活課題対応型の支援からみる被災者ニーズ．pp.77-84．
21) 前掲書11），吉井美奈子：子ども支援活動からみる子どもの生活環境の問題．pp.85-96．
22) 前掲書11），奥山みどり，小川宜子：NGOピースボートによる炊き出し支援の献立分析と提案．pp.113-130．
23) 奥山みどりほか：東日本大震災におけるボランティアによる炊き出しメニューの栄養評価からみた食品及び料理提案の試み，日本家政学会誌，2015；66(4)；158-166．（http://www.jshe.jp/66-4_158-166_okuyama.pdf，2016年7月閲覧）
24) 日本家政学会東日本大震災生活研究プロジェクト編：炊き出し衛生マニュアル，日本家政学会，2014．

2．石巻市の被災状況の特徴と課題

　災害における被害はそれぞれ異なった様相を示す。とりわけ，複合災害としての側面がある地震災害はその傾向が強い。地震ごとに被害の様相が異なる理由としては大きく2つの要因が考えられる。第1は自然的要素で，地震型（海溝型・内陸型）や地震規模（マグニチュード）などがあげられる。第2は社会的要素で，被災地の地域特性（都市域・中山間地域・農漁村地域，人口，高齢化率など多様）や被災履歴などである。また，これら2つの要因にかかわって被害の規模に影響を与える要素としては，発災のタイミング（季節，曜日，時刻）も重要である。これらの要素は被害の様相だけでなく，その後の復旧・復興にも密接にかかわってくる。

　そこで本節では，東日本大震災における石巻市の被災状況を浮き彫りにするにあたって，同じく震度7の揺れを生じながら異なったタイプの被害をもたらした阪神・淡路大震災，新潟県中越地震と比較し，熊本地震にも若干触れながら考察を行う。

（1）石巻市の被害

　石巻市の被害について考えるために東日本大震災被災地全域と石巻市の被害，および阪神・淡路大震災，新潟県中越地震の全域被害とを比較してみよう（表1）。

　石巻市は人口が集中する市街地が広範囲にわたって津波による浸水を受けたので，全壊住家棟数が20,039棟と仙台市に次いで多く，死者については陸前高田市の2倍以上にあたる3,547人（行方不明428人）で，行方不明を含めた割合は被災全域の18％に相当するなど，本震災においての最大の被災地となっている。

　一般に震災における住家被害としては全壊棟数に比べて半壊棟数が多くなる傾向がある（表1）。しかしながら，本震災における石巻市の住家被害は，半壊棟数に比べて流失を含む全壊棟数が多く，宮古市，大船渡市，陸前高田市，

表1　三地震による被害の比較

地震名	地域	人的被害		住家被害					火災(件)
		死者(人)(不明)	負傷者(人)(重傷)(軽傷)(不明)	全壊(棟)	半壊(棟)	一部破損(棟)	床上浸水(棟)	床下浸水(棟)	
東日本大震災(※1)	石巻市	3,547 (428)	不明	20,039	13,047	19,948	—	不明	24
	全域	19,418 (2,592)	6,220 (698) (5,337) (185)	121,809	278,496	744,190	3,352	10,233	330
阪神・淡路大震災(※2)	全域	6,434 (3)	43,792 (10,683) (33,109)	104,906	144,274	390,506	—	—	269
新潟県中越地震(※3)	全域	68	4,805 (633) (4,172)	3,175	13,810	105,682	—	—	9

出典）※1　消防庁災害対策本部：平成23年（2011年）東北地方太平洋沖地震（東日本大震災）について（第153報）　平成28年3月8日，2016.
　　　※2　消防庁：阪神・淡路大震災について（確定報）　平成18年5月19日，2006.
　　　※3　消防庁：平成16年（2004年）新潟県中越地震（確定報）　平成21年10月21日，2009.

釜石市，大槌町，気仙沼市，名取市，女川町，南三陸町のように津波被害が顕著であった地域に共通している。

このために多くの被災者は地震発生直後から新たな居住空間を必要としたが，沿岸市街地の災害危険区域では居住のための建築物（住宅・アパート・ホテル・民宿・児童福祉施設・医療施設など）の新築・建替え・増改築が禁止された（石巻市は2012年12月1日に区域指定を実施）[1]ため，応急仮設住宅や災害復興住宅の建設地を従前の居住地外へ求めざるを得なかった。このことは，石巻市の市街地以外である牡鹿半島部，雄勝地域でも同様であった。

そこで，石巻市は市内133か所に総計7,122戸の応急仮設住宅を建設した。このほか民間賃貸住宅をみなし仮設住宅として利用することになった。ピーク時には応急仮設住宅に7,102戸（2012年6月），みなし仮設住宅に5,899戸（2012年3月）の合計13,001戸に32,270人が居住した[1]。なお，2016年2〜3月の時点で

の入居者は，応急仮設住宅（以下，建設仮設とする）では2016年3月末現在で3,951戸（8,338人），みなし仮設住宅（以下，みなし仮設とする）には2016年2月末現在で2,819戸（6,531人）であり，震災発生5年目を迎えても，まだピーク時の約46％にあたる人々が仮設住宅で生活していたことになる。

（2）被災者の生活空間の推移

　被災者の生活空間は，阪神・淡路大震災の場合（図1）[2]のように，避難所→仮設住宅→復興住宅へと推移していくのが基本的な形といえる。阪神・淡路大震災の場合には発災からほぼ3年半が経過した1998年8月の時点で災害復興住宅入居戸数が仮設住宅入居戸数を上回り，復旧期から復興期に入ったと考えられる。

　東日本大震災の全体および他の地震災害における被災者の生活空間の変化を比較するために東日本大震災（岩手・宮城・福島3県の合計），阪神・淡路大震災および新潟県中越地震における避難所への避難者人数と仮設住宅（建設仮設＋みなし仮設）入居戸数の時系列推移をまとめた（図2）[3,4]。すると，三地震災害に共通して避難所への避難者数ピークは発災数日後にあったことがわかる。そして，発災1か月から2か月後あたりから仮設住宅への入居が始まっている。ちなみに，2016年4月14日（前震）と16日（本震）に発生した一連の熊本地震でも避難者数のピークは本震発生3日後の4月18日で，震度7の揺れを続けて受けた益城町でも2か月後から仮設住宅入居が始まった。

　なお，新潟県中越地震では発災2か月後の2004年12月21日に，また阪神・淡路大震災では，ほぼ7か月後の1995年8月20日に避難所への避難者数がゼロになっている。さらに，仮設住宅への入居者がゼロになったのは，新潟県中越地震では地震発生から約3年後の2007年12月31日，阪神・淡路大震災ではほぼ5年後の2000年1月14日であった。

　これらに比べると東日本大震災における避難者および仮設住宅入居者の減少は発生5年後の時点でも十分とはいえず，被害の規模だけでなく，津波による被害の特徴および原子力発電所の被害とその後の対応による福島県の復旧・復

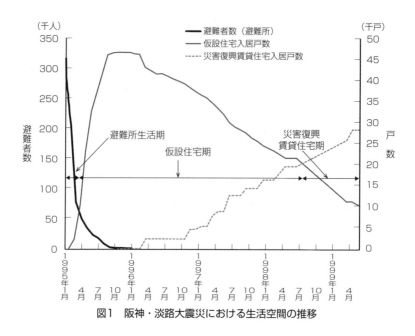

図1　阪神・淡路大震災における生活空間の推移

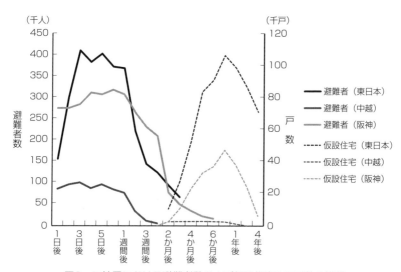

図2　三地震における避難者数および仮設住宅入居戸数の推移

(文献3, 4) に基づいて作成)

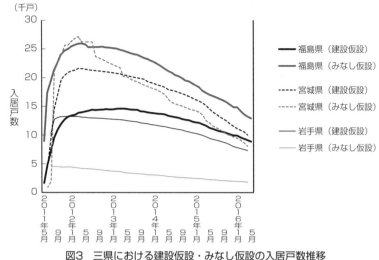

図3 三県における建設仮設・みなし仮設の入居戸数推移
（文献5～7）に基づいて作成）

興の遅れが影響していると考えられる。

　このことは被災三県別の建設仮設とみなし仮設の入居戸数推移（図3）[5-7]からも明らかである。すなわち，県別のみなし仮設入居戸数のピーク値は宮城県が最大である一方で減衰傾向も最も顕著であったのに対して，福島県では減少の速度が遅く，入居後約5年の時点での仮設入居戸数が約13,000戸と最も多い。また，福島県では県内の応急仮設入居者を福島第1原発事故による避難指示区域からのいわゆる強制避難者にほぼ限定したために，自主避難者の多くは県外のみなし仮設に住むこととなり，建設仮設よりもみなし仮設への入居戸数のほうが圧倒的に多くなった。逆に，岩手県では総戸数が三県の中で最も少なく，特にみなし仮設入居戸数が最少であることが特徴といえる。

　なお，宮城県では仮設住宅への入居戸数が最大であった時点（2012年3月）で建設仮設21,610戸，みなし仮設（民間賃貸借上住宅26,050戸，公営住宅等その他の住宅1,114戸）27,164戸であったのに対して，石巻市では入居戸数がそれぞれ最大であった時点で建設仮設が7,102戸（2012年6月），みなし仮設が5,899戸（2012年3月）と，建設仮設のほうがやや多かった[1]。

(3) 比較対象地震における仮設住宅の供給

　東日本大震災からの復旧・復興を考えるにあたって，改めて比較対象地震の被害額を比べてみると（表2）[8]，東日本大震災の被害規模は阪神・淡路大震災を大きく上回り，特にライフラインとその他被害の大きさが際立っている。また，2012年4月19日時点での三地震における住家被害と仮設住宅供給戸数を比較すると（表3），東日本大震災では，確定報に基づく数値ではないが，被害の規模を反映して，仮設住宅の戸数が最大規模であり，特にみなし仮設が極めて多かったことが特徴である。

　阪神・淡路大震災以降，応急仮設住宅の建設についてはさまざまな意見があった。すなわち，災害救助法に基づく一般基準として一戸あたりかなりの費用が想定されるが（表4），実際に建設するためには特別基準のように2倍近い，あるいはそれ以上の金額が必要となる。さらに，地域防災計画などであらかじめ想定していた場所が被災したり，二次災害の危険域になった場合には新たな用地を短時間に確保せざるを得ない。以上の観点と公営住宅等の空家有効利用の両面から「みなし仮設」が提案されてきたと考えられる。

　なお，岩手県で木造の仮設住宅が数多く建設されたことも東日本大震災の復興過程での特徴といえる。木造仮設住宅ではオートキャンプ場の利用（陸前高

表2　比較対象地震の被害額　　　　　　　　（単位：円）

被害	東日本大震災	阪神・淡路大震災	新潟県中越地震	熊本地震
建物（住宅，工場など）	10兆4,000億	6兆5,000億	7,000億	1兆6,000億〜3兆1,000億
社会インフラ（道路，港湾，空港）	2兆2,000億	2兆2,000億	1兆2,000億	4,000億〜7,000億
電気，ガス，水道	1兆3,000億	5,000億	1,000億	1,000億
その他	3兆	7,000億	1兆	4,000億〜7,000億
被害総額	16兆9,000億	9兆9,000億	3兆	2兆4,000億〜4兆6,000億

阪神・淡路大震災は兵庫県，新潟県中越地震は新潟県の推計。それ以外は国。
出典）産経新聞（2016年5月24日朝刊）

田市）や向かい合わせにした住戸間に屋根付のデッキを設けて，利便性を高めると同時に居住者のコミュニケーションを図る工夫（遠野市）などがみられた。

表3　住家被害と仮設住宅供給戸数の整理（2012年4月19日時点）

		阪神・淡路大震災	新潟県中越地震	東日本大震災
住家被害(戸)	全　壊	104,906(※1)	3,175(※2)	129,479(※3)
	半　壊	144,274(※1)	13,610(※2)	256,077(※3)
	①合　計	249,180	16,985	385,556
仮設住宅(戸)	建設仮設	48,300	3,460	53,516(※1)
	みなし仮設	139	174	68,334(※2)
	②合　計	48,439	3,634	121,850
住家被害に対する仮設住宅供給の割合（②/①）		19%	21%	27%

*1　2012年4月2日時点の必要戸数
*2　2012年4月17日時点の戸数
出典）※1　消防庁：阪神・淡路大震災について（確定報）　平成18年5月19日，2006．
　　　※2　消防庁：平成16年（2004年）新潟県中越地震（確定報）　平成21年10月21日，2009．
　　　※3　警察庁発表（2012年4月18日現在）

表4　応急仮設住宅建設の戸あたり単価　　　　　　　　　　（単位：円）

	阪神・淡路大震災	新潟県中越地震	東日本大震災
災害救助法に基づく一般基準	1,390,000(※1)	2,433,000(※2)	2,387,000(※2)
実際の単価（特別基準）	2,867,000(※1)	4,725,864(※2)	（岩手県）約5,680,000(※2) （宮城県）約6,640,000(※2) （福島県）約5,740,000(※2)

出典）※1　兵庫県県土整備部：阪神・淡路大震災に係る応急仮設住宅の記録　平成12年8月，2000．
　　　※2　国土交通省住宅局住宅生産課：応急仮設住宅建設必携中間とりまとめ　平成24年5月21日，2012．

（4）石巻市の復興における課題

　東日本大震災の特徴として，みなし仮設への入居戸数が過去の災害に比べて非常に多かったことがあげられる。石巻市でもその傾向が若干みられた。みなし仮設は面積，断熱性，遮音性などの居住環境や早い段階で入居できる点で建設仮設よりも優れている。しかしながら，①地域によっては被災前の居住地から遠く離れた場所への転居が必要となる，②個別の入居になるために被災前のコミュニティから離れてしまう，③自治体からの支援情報を得にくい，などのデメリットも存在する[9]。また，場所，間取り，広さといった入居前の段階での対象住宅の情報提供のあり方にかかわる問題点も指摘されている。

　デメリットの①，②については，復興住宅の居住地選択の時点で被災前の居住地へ戻れる見通しがあれば，あまり深刻な問題にはならないと予想された。石巻市の場合には，沿岸市街地が災害危険区域に指定されたことによって，こうした地域の住民が内陸側へ居住地を移転せざるを得なくなったこととも相まって，内陸方向への人口重心の移動が想定される。

　阪神・淡路大震災の復興過程における神戸市内での人口移動の実態が報告されている[10]。同震災では神戸市全体の住宅回復率は震災発生から2年後には100％を超え，4年後には110％に達した。しかし，回復率の推移は区ごとの差が極めて大きい。

　すなわち，市街地の東部（灘区，東灘区）は激しい被害を受け，住宅残存率も低かったが，大量の住宅が供給され，住宅戸数の回復率は4年後の時点で110％に達した。また，郊外の垂水区，北区，西区では被害が相対的に軽微で，震災後の住宅供給によってストックが増えたので，西区では震災1年半後に，北区では3年半後に110％に達している。これに対して，神戸市西部では住宅被害が大きかったために住宅残存率が低く，震災以後の住宅供給が停滞したこともあって，残存戸数が61％であった長田区では，4年後の回復率も85％にとどまった。

　東日本大震災における石巻市の復興を考えるときに忘れてはならないのは，牡鹿半島や雄勝地区の復興である。これらの地区では人口流出と高齢化が懸念

される。中山間地震災害である新潟県中越地震で山古志村は壊滅的な被害を受け，発災10年後には人口が5割減して高齢化率も5割に達したが，外部社会と多様な相互依存関係を生み出したことによって疲弊するどころか中越の被災中山間地の中でも最も元気であると報告されている[11]。

さらにこの報告には旧山古志村が元気になった理由として「旧村民の山の暮らし，農的生活およびそこから生まれるよきものへの理解と共感が内外に広がったからである」と述べられている。筆者らが本プロジェクトで半島部や雄勝地区を調査するときに，地元だけでなく被災地外から移住した若年層を中心とした人々が新しい試みを被災地の中で展開する姿を見ることが少なくない。このような動きを復興につなげるべきであると考えている。

引用・参考文献
1) 石巻市：東日本大震災からの復興，2016.
2) 北本裕之, 宮野道雄, 飯島良子：阪神・淡路大震災における生活復興過程の諸問題に関する研究―災害復興賃貸住宅入居者に対するアンケート調査に基づいて―, 地域安全学会論文集, 1999；1；87-92.
3) 内閣府：【避難所生活者の推移】東日本大震災，阪神・淡路大震災及び中越地震の比較について，2011.（http://www.cao.go.jp/，2016年7月閲覧）
4) 内閣府：新潟県中越地震復旧・復興フォローアップ調査報告書，2008.
5) 岩手県復興局生活再建課：応急仮設住宅・みなし仮設住宅の被災者の状況（平成23～28年度），2016.
6) 宮城県保健福祉部震災援護室：災害救助法に基づく応急仮設住宅の入居状況について（平成23～28年度），2016.
7) 福島県災害対策本部（土木部）：応急仮設住宅・借上げ住宅・公営住宅の入居状況推移（平成23～28年度），2016.
8) 産経新聞：平成28年5月24日大阪版朝刊，2016.
9) 大水敏弘：実証・仮設住宅 東日本大震災の現場から，学芸出版社，2013.
10) 日本建築学会 建築経済委員会 住宅の地方性小委員会・震災WG：大震災四年半・住宅復興の軌跡と展望，1999年度日本建築学会研究資料，1999.
11) 中越防災安全推進機構・復興プロセス研究会：中越地震から3800日～復興しない被災地はない～，ぎょうせい，2015.

第1章 仮設住宅生活の課題を解決し復興へとつなげる

　石巻市は，東日本大震災において被災が甚大であったために，応急仮設住宅の供給戸数は被災した市町村の中で最も多かった。そうしたことを背景に「日本家政学会東日本大震災生活研究プロジェクト」では生活基盤の根幹となる石巻市の仮設住宅に注目してきた。

　本章では石巻市の仮設住宅の全体像と応急仮設住宅居住者の生活と意識調査の2つの側面から，応急仮設住宅の実態と課題を明らかにしている。

　前者については，石巻市の仮設住宅の用地や入居方法，仕様，住戸や住棟計画の特徴を解説し，グループホーム型仮設住宅等や「みなし仮設住宅」についても触れている。

　後者については石巻専修大学に近接する南境・開成地区の大規模応急仮設住宅の居住者にさまざまな支援を行いつつ2011年から2015年まで5回にわたって住民調査を実施した結果をまとめた。

　今後も少なくとも仮設住宅が解消されるまで研究は続くが，震災による甚大な被害を抱え，"緊急"かつ"大量"に仮設住宅を提供する必要があった石巻市における仮設住宅に関する研究は，石巻市の生活再建過程を明らかにすると同時に，今後発生するであろう「大規模災害における避難対策」を考えるうえで貴重な経験を提供することになろう。

1. 石巻市における応急仮設住宅の供給プロセスと課題

　東日本大震災に被災地でも最大の被害となった石巻市では避難所に避難した多数の被災者に短時間で大量の仮住まいを提供しなければならず，プレハブ仮設住宅が主となったため，地元建設会社による木造仮設住宅やコミュニティ型仮設住宅が建設されなかった。ここでは石巻での応急仮設住宅の建設過程を整理し，そこからみえる応急仮設住宅の現状と課題を明らかにする。

（1）震災被災者の住まいの移動モデル

　自然災害によって住まいが壊れたり，あるいはライフラインが途絶したりすると，被災者はひとまず避難所に避難し，その後に仮の住まい，すなわち応急仮設住宅に移り住む。自力で住宅を再建する者もいるが，応急仮設住宅で過ごした後に恒久住宅（復興公営住宅）に移り住むという流れが典型的なモデルとされている[1]。

　しかし，このような3段階のモデルはコストがかかる点や2度の移動が必要であることなどのデメリットも多く，海外の災害やわが国の過去の災害でも違ったモデルが用いられたことがある。すなわち，応急仮設住宅を省いた2段階モデルが適用されたり，仮住まいとして空き住戸や修理した被災家屋を活用することもあり，災害イコール応急仮設住宅の建設というわけではない。

　特に大規模な災害ではプレハブ仮設住宅という大量に供給できる仮住まいが必要不可欠ではあるが，同時に多様な問題が発生することも認識されている。したがって，別の方法での仮住まいの確保も積極的に取り組まれるべきであろう。東日本大震災においても地域によってはいわゆる借り上げ仮設住宅や木造仮設住宅といった多様な仮住まいが供与され，被災者の住まいの移動モデルは多様化している。

　今回の東日本大震災の被災地域には1960年のチリ地震津波で被災した地域も

含まれているが，チリ地震津波災害時の復興公営住宅が牡鹿半島に残存していると聞き，現地を訪れた。そこには平屋建ての建物が複数あり，ほとんどの住宅は空き家で窓や戸が壊れた状態だったが，2014年当時でも一部住宅では適宜増築や改修をして継続して居住されている方がいた。もともとの建物は居室2室と台所等の簡素な建物で，現在のプレハブ仮設住宅とほぼ同じ間取りであった（図1-1）。建設戸数もそう多くなかったので工期も短かったと思われる。このようにチリ地震津波災害時には，避難所から直接に恒久住宅に移動したという2段階モデルがあったと考えられる。

図1-1　チリ地震津波災害時に建てられた復興公営住宅

（2）応急仮設住宅の供給プロセスと種類

　災害救助法に基づいて建設される応急仮設住宅で最も一般的なものはいわゆるプレハブ型であり，東日本大震災においても各県があらかじめ協定を結んでいた一般社団法人プレハブ建築協会に対して建設を要請した[2]。宮城県の場合には2011年3月14日に1万戸の建設要請を出した。その後，3月17日から県の担当者が被災市町を訪問して必要戸数や用地の調査を開始した。そして，3月28日には石巻市，岩沼市，女川町，気仙沼市で建設が始まった。さらに4月1日には追加で2万戸（計3万戸）の建設要請が出ている。4月28日には第1次分が完成して入居が始まり，7月20日には必要戸数（約22,000戸）の整備の目処が立ち，9月28日には県建設分の21,519戸が完成している。

　災害時に必要な仮設住宅の戸数には「住家被害の2～3割以内」という目安がある。石巻市の被災戸数は53,742棟であったから，およそ17,000世帯が最大必要数となる。結果的には応急仮設住宅が7,122戸，みなし仮設住宅（民間賃貸住宅）が6,568戸で計13,690戸（2012年3月現在）と目安をやや下回る戸数が確保された。

応急仮設住宅はピーク時（2012年6月）には入居戸数7,102戸，入居人数16,788人となったものの，2016年3月には入居戸数3,951戸，入居人数8,338人と約半分となった。一方，みなし仮設住宅はピーク時（2012年3月）には入居戸数5,899戸，入居人数15,482人となったものの，2016年2月には入居戸数2,819戸，入居人数6,531人と半分以下となり減少が大きい。

通常，応急仮設住宅は自治体へのリースとなるが，一定規模以上になると自治体が買い取ることとなる。石巻市の応急仮設住宅7,122戸のうちリースは287戸で，残りは買い取りである。供与終了後の仮設住宅の保持，解体などが自治体にとって負担となる可能性もあり，2016年6月からは建物の無償譲渡が始まっている。

1）用　　地

建設用地は各県が市町村に確保を要請し，石巻市では2011年3月14日から7月末までの4か月半にわたり用地捜索活動が行われた[3]。発災前の想定を遥かに上回る被災であったために，公有地だけでは足りず，私有地等を地権者と交渉して確保していったために時間がかかったと考えられる。従来の災害救助法では原則として公有地に建設するものとされていたが，このような大規模な災害では到底追いつかず，4月になって厚生労働省が通知を出し，民有地の活用が進んだ。仮設住宅の建設用地に関しては阪神・淡路大震災でも議論となったが，学校の校庭に仮設住宅を建設することの是非がある。阪神・淡路大震災では市街地の被害が大きかったにもかかわらず，学校を利用したケースは数パーセントにとどまっていた。そのかわりに市街地から離れた埋立地や郊外に大規模な仮設住宅団地が建設され，交通の便の悪さから入居が進まないといった状況もみられ，学校敷地の活用は議論の対象となっている。

東日本大震災ではどうであったのかというと，学校敷地を多く利用した例として陸前高田市があげられる。陸前高田市は市街地のほとんどが浸水したので学校敷地に仮設住宅を建設せざるを得ず，仮設住宅の約半数が学校敷地に建設された。

一方，石巻市では2014年12月時点で133仮設住宅団地のうち学校敷地を使っ

ている仮設住宅団地は，石巻地区で高校1，専門校1，河北地区で高校1，雄勝地区で小学校1，牡鹿地区で小学校1，中学校1の計6か所と比較的少ない[4]。これは用地確保に大変な困難があったにもかかわらず，学校敷地は極力使用しないという姿勢の結果と思われる。また，仮設住宅一覧には「○○学校跡地」といった記述も複数みられる[4]。少子高齢化で廃校が増え，跡地利用がいたるところで議論されているが，東日本大震災のような災害を考えると，災害時にも活用できるような跡地利用が望ましい。

極力同一市町村内に建設するという方針に則って，石巻市では市域内にすべての仮設住宅が建設された。一方で，隣接する女川町では敷地が足りず，石巻市内に女川町の仮設住宅が建設されることになった。石巻市は市域に余裕があるためこのようになったと思われるが，同じ市内とはいえ市町村合併前の旧地区内のつながりも強く，別の地区に移動することによって，発災前のつながりが途絶えてしまった可能性もある。

2）入居方法

入居者選定においては阪神・淡路大震災の教訓から一律の抽選ではなく，「高齢者，障害者等を優先すべきであるが，孤立や災害関連死の防止，地域コミュニティへの復帰支援についても考慮し，特定の年齢階層に偏ることのないよう留意する」，「コミュニティ単位での入居方法も検討する」とされていた[5]。また，被害状況は地域差があることから具体的な入居条件は各市町村が地域の実情に応じて決めることになっており，石巻市も独自に選考方法を定めた。

石巻市の選考方法で特徴的なのは，市域が広いことが背景にあると思われるが，「地域コミュニティをできるだけ維持できるよう配慮」するということで，震災前の住所で抽選対象地区を指定したことである。個別の事情により震災前の住所地と異なる地区の仮設住宅を希望する場合には，1回に限って変更が認められた[6]。

最初の抽選（向陽地区）では抽選対象地区（元の居住地）が伝えられていなかったこともあって混乱が生じたが（河北新報，2011年4月26日），市町村合併前の旧地域を引き継ぐ支所単位で，原則として同じ支所管内に建設された仮設住

宅に入居できるよう抽選が進められた。はじめに本庁地区の大規模な仮設団地が建設されたが，河北・北上・雄勝・牡鹿といった地域でも随時建設が進み，入居が始まった。

　ここで課題となったのが支所ごとの仮設住宅を必要とする被災世帯数と同じ支所管内の仮設住宅戸数の関係である。特に全壊棟数が多かった本庁地区では，全壊棟数の2割程度の仮設住宅しか建設されなかった。さらに少なかったのは雄勝地区で約1割である。一方で，津波被害がなかった河南地区は全壊棟数の約9倍，同じく桃生地区では約4.5倍の仮設住宅が建設された。

　全壊した住宅の居住者すべてが仮設住宅に入居するわけではないが，地区内の仮設住宅が著しく少なかった地区では被災者が地区外の仮設住宅に入居していると推測される。これは，地区をまたいで住民が移動したということであり，復興過程に少なからず影響を及ぼすと考えられる。特に雄勝地区ではいったん地区外の仮設住宅に入居した住民が買物や通学の利便性からそのまま地区外の復興公営住宅を希望することが多く，住民の減少の一因となっている。

3）応急仮設住宅の仕様

　宮城県から応急仮設住宅の建設を要請されたプレハブ建築協会には正会員企業35社，準会員企業50社，賛助会員企業106社（2016年5月現在）が加盟している。部会の構成としては住宅部会，規格建築部会，PC建築部会に分かれている。このうち仮設住宅にかかる部会は住宅部会および規格建築部会で，住宅部会には大手のハウスメーカーの正会員13社が所属し，規格建築部会にはプレハブ構法による「システム建築」（組立ハウスおよびユニットハウス）にかかる正会員企業13社が所属している。

　最も一般的な仮設住宅は規格建築部会が建設する工事現場の事務所などに用いられる建物に近い建物で，主要な部材は事務所用と同じものを使用し，浴室や台所などの設備は別途調達する。住宅の間取りは標準サイズの9坪（2DK）に加えて6坪（1DK）や12坪（3K）も建設された（図1-2）。一方，住宅部会は平常時の住宅建設に使用する部材を仮設住宅用に振り分けて建設するために，規格建築部会と比較すると多様な構造や仕様となり，見た目も住宅に近い

1．石巻市における応急仮設住宅の供給プロセスと課題　　31

図1-2　規格建築部会による建設　　　図1-3　住宅部会による建設

(図1-3)。住宅部会が建設した石巻市の仮設住宅はすべて2DKタイプとなった。間取りは規格建築部会と同じ南面2室の2DKタイプに加えて，メーカーによっては2室縦列配置タイプも建設された。

　住宅部会の仮設住宅は2DKのみとなったために，住宅部会の団地を希望する場合には，単身者も2DKへ入居し，4人以上世帯では2DKを2室使用することができるように配慮された。

　規格建築部会と住宅部会の違いとして特徴的なのは，多くの応急仮設住宅入居者が指摘する居室の窓の形状である。規格建築部会の応急仮設住宅は腰高窓が多く，プライバシーが確保されるといった点がメリットとしてあげられたが，玄関近くの台所で火災が発生した場合の避難に支障があるというデメリットを指摘する入居者もいた。

　一方，住宅部会の応急仮設住宅は掃き出し窓が多く，腰高窓にはない開放感があり，出入りも自由で洗濯物も干しやすいという声があった。また，筆者らが調査に訪れた際に，掃き出し窓の場合には入居者とのコミュニケーションが生まれやすかったので，入居者同士のコミュニケーションにも掃き出し窓が役立っていると考えられる。

　小規模な災害では規格建築部会の仮設住宅のみが供与され，大規模な災害では規格建築部会に加えて住宅部会も建設に参加することになっている。一般的に発災直後の供給能力の違いから規格建築部会が先に建設を始め，順次住宅部会も建設に参入する流れとなっている。石巻市でも規格建築部会による仮設住

宅建設の第一弾は2011年3月28日着工の仮設向陽団地（137戸，日成ビルド工業，4月27日完成）であり，9日後の4月6日には住宅部会の第一弾として仮設大橋団地の一部（104戸，積水ハウス工業，4月28日完成）が着工している[7]。

住宅部会のほとんどが全国展開する大手のハウスメーカーであったが，地元宮城県のハウスメーカーも一部建設している。さらに，東日本大震災は必要とする仮設住宅の数が膨大であったために，プレハブ建築協会以外の事業者にも発注することになって，地元工務店等にも白羽の矢が立った。協定や契約の問題はあったものの，被災3県で公募が行われ，岩手県や福島県では地元工務店等によって多くの仮設住宅が建設された。

しかしながら，宮城県からは地元工務店等への発注は行われず，市町村からの限定的な発注にとどまった。これらは，山元町で在来木造1事業者および鉄骨造（ユニット）1事業者，南三陸町で在来木造1事業者および軽量鉄骨造1事業者，女川町で鉄骨造（ユニット）1業者の計523戸である[2]。建設スピードや発注手続きを考えればプレハブ建築協会のみを相手方とするほうが効率的ではあるが，地元の材料を使い，地元の住民を雇用し，地元の事情に明るい工務店等が建設を担うことにはメリットも多く，今後の教訓として活かされるべきであろう（図1-4）。

図1-4　地元業者による木造仮設住宅

追加工事も随時実施された[2]。すべての仮設住宅の建設が完了し，本格的な冬を迎える前の2011年10月3日に宮城県がプレハブ建築協会に対して寒さ対策等の追加工事を要請した。具体的には，①外壁の断熱材等の追加・補強，②窓の二重サッシ化，複層ガラス化，③玄関先への風除室の設置又はスロープ廊下への下屋設置，④トイレの暖房便座設置，⑤各住戸への消火器設置，⑥暖房機器の設置，⑦棟間通路，駐車場の舗装および排水側溝等の整備で，10月24日に追加工事が着工され，2012年3月21日に完成している。加えて，石巻市によっ

て暖房器具やエアコン，畳，風除室，不凍結水栓の設置，多家族世帯対応，網戸や手すりの設置，段差の解消，掲示板の増設，外灯の追加が実施された。さらに2012年度には県・市によって風呂の追い焚き機能の追加と物置の設置が希望する世帯に対して実施された。

4）住戸／住棟計画

岩手県では多様な仕様の応急仮設住宅が供給されている。例えば釜石市の平田地区では，住戸出入り口を対面としてデッキでつなげた仕様のいわゆるコミュニティケア型仮設住宅が建設された（図1-5）。また，敷地内には仮設商店もある。子育て世帯向けの住宅もあり，敷地内の公園で安心して子どもを遊ばせたりできる。

図1-5　出入り口が向き合ったコミュニティケア型仮設住宅

比較的交通の便の悪い場所に位置する仮設住宅だが，このような充実した計画で，暮らしやすくするための工夫が多くみられた。特に出入り口を向かい合わせにして通路を共有することは仮設住宅におけるコミュニティ形成の第一歩となるし，コストも大きくは増大しないため，積極的に取り入れるべきであるという声が多かった。ただ現状のプレハブ仮設住宅の標準プランでこれを実現しようとすると，北向き住戸または西向き住戸を作ることになり[8]，不平不満が出る可能性も高いので，実現にはまだまだハードルがある。

石巻市ではこのような配置計画を工夫した応急仮設住宅は導入されなかった。被災規模が著しく大きく，大量の仮設住宅を迅速に供給する必要があったため，標準仕様とは異なる応急仮設住宅の導入は困難であったと思われる。

標準仕様の応急仮設住宅では住棟配置は南面を基本とし，住戸出入り口は一方向である[2]。これは「住戸の日照条件が公平になるように，原則として玄関を北向き，窓を南向きとし，各棟同一方向並びとなるよう東西配置を採用した」[2]とされるように，「公平性」という考え方が根底にあったためと考えられる。

バリアフリーへの対応として，原則として1割の住戸にはスロープが設けられている。しかしながら，住戸内では特に浴室の段差が大きく，バリアフリーには程遠い状況であった。これはプレハブ仮設住宅の仕様の限界であり，やむを得ない面もあり，今後は地元工務店等のような仕様に融通が効く事業者がバリアフリー対応の仮設住宅を建設し，プレハブ建築協会が標準仕様の仮設住宅を建設するなどの棲み分けが必要とされている。

災害救助法を適用して，おおむね50戸以上の団地では集会所が，50戸未満の団地では談話室が設けられているが，既存施設を流用しているケースもみられた。石巻市内で談話室は69か所，集会所は46か所に設けられ，このうちケア対応集会所は14か所であった。ケア対応集会所とはサポート機能付きの集会所で，バリアフリー型の浴室を設置したものである。集会所は標準とされる100平米タイプが28か所，150平米タイプが12か所，200平米タイプが6か所である。

5）グループホーム型仮設住宅／サポートセンター

2011年4月15日には厚生労働省から「バリアフリー仕様・福祉仮設住宅」，19日には「応急仮設住宅における高齢者等のサポート拠点等の設置」，28日には「応急仮設住宅への障害者グループホーム等の設置」に関する通知があった。厚生労働省も阪神・淡路大震災などの教訓を生かした福祉仮設住宅の整備を促そうとする姿勢であった。福祉仮設住宅の役割は超高齢社会を迎えたわが国の防災対策としてより重要となる。

東日本大震災ではグループホーム型仮設住宅が数多く建設され，宮城県では高齢者向けが25棟219戸，障害者向けが11棟71戸となった[2]。このうち石巻市では高齢者向けが10棟88戸，障害者向けが8棟56戸整備された（宮城県保健福祉部）。高齢者向けでは9部屋を標準とし，障害者向けでは4もしくは7部屋を標準として整備が進められた。

通常の応急仮設住宅と同じく建設は県で管理は市町村だが，入居者支援はグループホーム事業者が行うことになった。これは厚生労働省が2011年4月15日の通知で，阪神・淡路大震災や新潟県中越地震のときに社会福祉法人がグルー

プホームを運営した事例イメージを提示したこととも関連している。すなわち，グループホーム事業者の事業継続を前提にしたもので，介護保険に基づくサービスを提供し，既存のグループホームと同様の仕様で整備が進められた。

この種の施設は「仮設施設」と呼ばれるが，もうひとつ阪神・淡路大震災で導入された生活援助員（LSA）が常駐する応急仮設住宅である「ケア付き仮設住宅」も整備されることになった。しかし，運営主体や運営経費をどのようにするかなど課題が多く，大量の応急仮設住宅を建設するニーズに迫られる中で「ケア付き仮設住宅」の整備は進まなかった[10]。いずれにしろ，災害時にはこのような高齢者・障害者向け応急仮設住宅の需要が一定数発生することは確実であるので，平常時から自治体と福祉事業者は福祉仮設住宅やグループホーム型仮設住宅に関して連携しておく必要がある。

東日本大震災では大規模仮設住宅団地内の集会所を高齢者等のサポート拠点と位置づけて，総合相談やデイサービス，生活支援サービスなどを提供できるように整備が進んだ。石巻市では，石巻市社会福祉協議会が運営する「ささえあい拠点センター」が11か所，「ささえあい総括センター」が1か所，その他の団体が運営する拠点が4か所整備された[9]。支援内容は巡回訪問や総合相談支援，地域交流サロン，カーシェアリング，心の相談などとなっている。

さらには，介護保険制度などを利用できない被災者を対象とした制度外福祉仮設住宅も石巻市では運営されている。このグループホーム型仮設住宅には利用者以外も利用できる食堂があり，交流の拠点となっている。

6）みなし仮設住宅

すでに住宅ストックが世帯数を上回るわが国において，応急仮設住宅を新規に建設することは必須ではなく，既存の住宅ストックを活用することは自然な流れである。阪神・淡路大震災や新潟県中越地震，岩手・宮城内陸地震でも数は多くないものの民間賃貸住宅を県が借り上げて，「みなし仮設住宅」として供与した。

東日本大震災でも同様に県が借り上げた民間賃貸住宅を供与することが決まったが，被災者自らが契約して入居してしまうケースも発生した。そこで，発

災以降に被災者名義で契約した住宅を県名義に書き換えれば災害救助法の適用となり国庫負担が行われるという通知が厚生労働省から出された（平成23年4月30日社援発0430第1号）。これにより被災各県の負担は大幅に減り，被災者も自らの希望で住宅を探せることになった。

結果的には，元々住宅ストックが豊富であった仙台市ではみなし仮設住宅の戸数が通常の応急仮設住宅の戸数を上回ったが，石巻市では被災を免れた住宅ストックにも限りがあり，応急仮設住宅のほうが戸数は上回っている。情報が入らない，支援が届かないなどの問題が指摘されるものの，応急仮設住宅よりは居住環境に優れた賃貸住宅に多くの被災者が入居できたことは歓迎すべきことである。

ただし，みなし仮設住宅には費用面の懸念もある。プレハブ仮設住宅は一度建設し，追加工事を行った後は公有地なら維持費のみであり，民有地でも公租公課の減免程度である。一方，みなし仮設住宅の場合は供与期間中継続して賃料が発生する。ちなみに，プレハブ仮設住宅の建設費用は災害救助法に基づく一般基準が238万7,000円，造成費・追加工事等を含めて約664万円（宮城県）とされている（国土交通省住宅局，2012）。

みなし仮設住宅の数は減っているものの，7年間という供与期間を考慮すると必ずしも経済的とはいえない。また，貸主の不同意で契約が終了するケースも出てきている。2016年の熊本地震でも同様の措置が取られているが，熊本地震も特定非常災害に指定されたために2年3か月を超える供与となる可能性があり，みなし仮設住宅に対してどのような対応が取られるか注目される。

（3）応急仮設住宅での生活

避難所から応急仮設住宅へ移動してきた被災者は，当初はプライバシーが確保される空間で家族が揃って生活できるようになったことで喜びも大きかったが，日常の生活を取り戻すにつれてさまざまな課題が生じてきた。バリアフリー化などハード面での課題は，先述したように自治体によって随時改良が行われたが，応急仮設住宅の限られた環境を入居者が自ら改善していく動きも現れ

た。いわゆる「住みこなし」という行動であり，過去の災害においても応急仮設住宅でみられたものである。当初は暑寒，音，湿度対策などで，窓に梱包材を貼る，壁にダンボールを貼る，新聞で吸湿するなどの行動に加えて，収納スペースを自作するなどの行動があった。改善行動は戸外にも展開され，屋外の収納スペースの設置やすだれの設置など，ニーズに応じた改善が取られた。ある程度の困りごとが落ち着いてくると，環境をより良くしようという動きも現れて，植物を置いたり，縁台（図1-6）や椅子を置いたりして，入居者同士の交流が生まれるようなこともあった。

筆者らが訪れた応急仮設住宅でも住棟間の通路に豊富なプランター（植物）とテーブル・椅子が置かれ（図1-7），子どもの遊び場となり，入居者同士の団欒の場となっていた。一方で，隣の住棟間通路にはこのような環境はみられなかった（図1-8）。少し通路幅が異なるだけで単なる通路となるか，コミュニケーションの場となるかの差が現れてくるという状況は興味深い。今後の応急仮設住宅の設計においても考慮されるべきである。

図1-6　屋外に設置された縁台

図1-7　広めの通路には植物などが置かれている

図1-8　狭い住棟間通路のようす

このような住みこなしに関しては，新潟県中越地震の教訓を生かした「仮設のトリセツ」（新潟大学岩佐研究室）も活用され，また「仮設きずな新聞」（ピースボート災害ボランティアセンター）などが積極的に情報提供を行い，入居者自らが仮設住宅の環境を改善する行動をサポートした。さらに，多数のボランティアがこのような住みこなしをサポートし，単なる改善のみならず，入居者同士や入居者と外部者との交流を促進することにも役立った。

（4）仮設住宅に望まれること
1）生活の場としての応急仮設住宅
　応急仮設住宅に関しては，ある程度は想像されていたものの，東日本大震災においても多くの課題が発生した。応急仮設住宅はできるだけ建設すべきでないという意見もあるが，東日本大震災程の大規模な災害ではやむを得ない面もあった。

　応急仮設住宅は災害救助法に規定されていて，この法律は従来は厚生労働省が所管していた。一方，応急仮設住宅は文字通り「住宅」としての機能ももつため，国土交通省の果たす役割も大きい。したがって，省庁間の連携が必要とされてきたが，よりスムーズに被災者支援を実施できるように2013年6月の災害対策基本法の改正で，応急仮設住宅の供与に関する事務は内閣府に移管された。内閣府は被災者生活再建支援法も所管しており，被災者支援の一元化が図られている。また，災害救助法では「収容施設（応急仮設住宅含む）の供与」とされていたが，「収容」という言葉のイメージが悪いということで，2013年の改正で「避難所及び応急仮設住宅の供与」と改められている。仮設住宅は被災者を「収容」するのではなく，「住宅」として「生活の場」となることが遅ればせながら法律でも認められたかたちである。

2）みなし仮設住宅の拡大
　東日本大震災では「みなし仮設住宅」が大幅に導入されたことが特徴的である。従来の「避難所→プレハブ仮設住宅→復興公営住宅」というモデルが多様化してきている象徴である。空き家の増加というわが国が抱える大きな課題も

背景にあるので，今後の災害でも同じような対応が取られることは確実で，被災者の住まいに関して選択肢が多いということは望ましいといえる。

また，阪神・淡路大震災と比較すると東日本大震災の被災者の多くは，発災前には比較的広い持ち家に住んでいたといわれている。このような被災者は2DK（29.7平米）が標準のプレハブ仮設住宅がどうしても狭いと感じてしまい，みなし仮設住宅のニーズが高まった可能性もある。

3）地域特性を勘案し地元工務店も巻き込んだ仮設住宅建設計画

したがって，今後は各地域の平常時の住宅の状況を勘案した仮設住宅建設計画が必要となる。そのためには，プレハブ建築協会との協定に加えて地元工務店等の団体と自治体とが協定を結び，柔軟な対応が可能な木造仮設住宅を一定数供与する方向性が望ましい。また，プレハブ仮設住宅以外に恒久住宅として再使用可能な"仮設住宅"も積極的に建設されるべきである。

4）コミュニティ形成を視野に入れた仮設住宅

応急仮設住宅においてもバリアフリー化は当然努力されるべきであるが，加えて，コミュニティ形成も視野に入れた対応が必要である。特に外部との接点となる玄関と居室窓の役割を再認識し，住みこなしとしてみられた居室掃き出し窓からのアクセス（リビングアクセス）の観点も必要である。

東日本大震災ではグループホーム型仮設住宅やサポート拠点が積極的に導入された。過去の災害でも問題となった仮設住宅の孤独死の予防策として機能していると思われる。平常時から福祉にかかわるニーズが年々高まる中で，災害時にも同じようなニーズが高いことは自明である。施設整備だけでなく，平常時からの施設の運営体制を社会福祉協議会や社会福祉法人と自治体が話し合い，災害時にも速やかに対応できる体制が必要である。

過去の災害でも入居者自らによる多様な住みこなしが行われてきた。東日本大震災では，これらの過去の震災の教訓がWEBやボランティアによって継続的に提供され，役に立ったと思われる。応急仮設住宅の欠陥を指摘するだけでなく，仮住まいとはいえプレハブ仮設住宅の居住環境を改善しようとする動きはコミュニティ形成にも貢献していると考えられる。

以上，東日本大震災の石巻市の仮設住宅を中心に現状と課題を整理した。発災直後の大混乱の中で，多様な仮設住宅を供給しようと奔走し，結果的に被災者の仮住まいが短時間で確保されたことは，関係者の不眠不休の努力の賜物である。ここでは主にハード面の内容を中心に述べた。仮設住宅におけるコミュニティ形成やボランティアによる支援については次節で述べることとする。

引用・参考文献

1）牧紀男：災害の住宅誌 人々の移動とすまい，鹿島出版会，p.49，2011．
2）宮城県土木部住宅課：宮城県における応急仮設住宅の建設に関する報告〜東日本大震災への対応状況〜 2013.1.7，2013．
3）国土交通省四国地方整備局：応急仮設住宅等確保の事前検討のためのポイント（案） 平成28年3月改定，2016．
4）石巻市：仮設住宅一覧（平成26年12月1日現在），2014．
5）日本赤十字社：応急仮設住宅の設置に関するガイドライン，p.43，2008．
6）石巻市：市報いしのまき 災害臨時号第5号，2011．
7）宮城県震災援護室：宮城県が整備した応急仮設住宅（プレハブ仮設）の整備状況一覧 H24.9.6，2012．
8）大水敏弘：実証・仮設住宅 東日本大震災の現場から，学芸出版社，p.156，2013．
9）宮城県：仮設住宅サポートセンターの現状について 平成24年11月20日（第2回宮城県被災者復興支援会議資料），2012．
10）前掲書8），p.155．

2．5年間の仮設住宅住民調査からみえた生活復興への課題

（1）「応急」でしかない仮設住宅

　私たち石巻専修大学経営学部山崎ゼミナールは，2011年8月から石巻市開成(かいせい)・南境(みなみざかい)地区の応急仮設住宅で調査を行っている。調査にあたり，調査票の設計，集計の一部については日本家政学会東日本大震災生活研究プロジェクトとの連携で行った。調査目的は，仮設住宅住民の生活実態からニーズを把握し，支援活動へとつなげることである。調査と支援活動を5年間続けてきたが，「応急仮設」とはいえ住民の生活に立脚した「住まう場づくり」という視点の必要性を常に感じてきた。

1）不便を我慢することが前提の仮設住宅設計

　仮設住宅は一時的な居住の安定を図るもので，長期的な生活を前提としていない。そのため仮設住宅団地の建設当初から，住宅自体の居住性能，交通や買い物の場などの生活環境，住民同士の関係づくりなどが置き去りにされてきた。
　居住性能については，住民が不便を我慢することが前提に仕様が決められている印象をぬぐえない。そのため応急仮設住宅は東北の風土に合わず，断熱工事やエアコンの増設，水道の凍結防止，風呂への追い炊き機能の追加，風除室の設置，物置の増設などといった追加工事が行われている。多少の想像力があれば発注の段階でわかることであるが，行政の担当者はそれを持ち合わせていなかったのだろう。結果的に追加工事を加えた1戸あたりの建設コストは災害救助法による算定額の3倍以上にふくれあがった。

2）支援団体に支えられる暮らし

　移動や買い物などについても住民の自助努力に任されていた。開成・南境地区の仮設住宅団地は市街地から離れており，近くに買い物ができる場所がほとんどない。路線バスは1時間に1本，土曜・休日にはさらに減るため車がないと生活もできない状態だった。2011年調査では車を保有していない世帯が37.1%

もあった。しかし，行政による移動問題への対応は朝夕に1日4本，平日限りの仮設循環バスを運行する程度だった。そのため車を持っていない住民の移動は，当時も今も移動支援Reraや日本カーシェアリング協会（p.156参照）といった支援団体が担っている。

　子どもたちの通学については，仮設住宅に入居しても学区は元のままだったので，入居直後は親が被災前の小中学校へ送迎をしていた。2011年調査では8割が自家用車で送迎しており，6割が通学時間に片道30分程度かかっていた。「仕事もあり，学校への送迎に悩んでいます」という声にみられるように親の負担は大きく，生活再建の障害になっていたといえる。2年目になって，ようやく仮設住宅と学校を結ぶスクールバスの運行が始まった。親の負担は軽減されたが，その一方で，子どもたちの学習や遊びといった生活面の改善は置き去りにされた。このような子どもの生活分野では行政の腰が重く，子どもの遊び場づくりのにじいろクレヨンや，学習支援のTEDICなどの団体が支援活動を行ってきた。

　仮設住宅団地のコミュニティ形成については，入居が始まった時点でほぼ手つかずだった。2011年調査では，6割以上の住民が交流の場や自治会が必要だと答えていた。しかし，住民から「入居説明会のときに後から町内会のようなものを設けるとのことだったが，そのような気配がない」との声があるなど，仮設住宅団地の入居が始まっても行政主導による交流の場はなかった。その代わり，石巻ふるさと復興協議会が自治会結成の支援をしたり，石巻復興支援ネットワークが交流の場をつくったりと，支援団体主導によるコミュニティ支援が行われていた。もちろん，私たち山崎ゼミナールも，その一翼を担っていた。

3）住まうことを前提としない応急仮設住宅での生活

　応急仮設住宅での5年間を振り返ってわかったことは，応急仮設住宅とは「応急対応」であって「生活の場」ではないことだ。人が住まうということを前提としてしないため，応急仮設住宅ではさまざまなゆがみが生じている。こうしたゆがみについて，私たちの調査結果をもとに住み心地と近所づきあいの2点から，応急仮設住宅の具体的な問題点を紹介する。

（2）開成・南境地区応急仮設住宅の現在
1）居住者数の推移

　東日本大震災のあと石巻市内には，133か所に7,122戸の応急仮設住宅が整備された。2016年3月末の時点でも3,951戸に8,338人が入居している。2015年より復興公営住宅（災害公営住宅）への入居が本格化したため，ピーク時（2012年6月）の入居者数16,788人が2016年3月には約半分に減ったことになる。

　私たちが調査をしている開成・南境地区は1,882戸，21団地の応急仮設住宅が整備され，東北最大級の仮設住宅集積地となっている。開成地区は「トゥモロー・ビジネスタウン」という産業用地だったが，企業誘致が進まず，36区画中22区画が余っていた。そこに14か所の仮設住宅団地が整備された。南境地区では運動公園用地と土地区画整理事業によって生まれた公園用地などに，7か所の仮設住宅団地が建設された。

　2012年9月には開成・南境地区の仮設住宅団地の全戸が埋まり，そこに4,577人が住んでいた。直近の2016年3月末では住民は2,194人にまで減少している。この住民減少のペースは石巻市全体の仮設住宅団地と比較しても大きく変わらない。

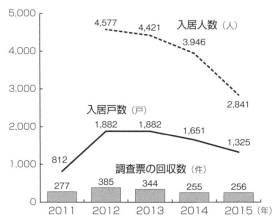

図1-9　開成・南境地区の応急仮設住宅入居者の推移*
＊2011年は9月30日現在，2012年は9月1日現在，2013～2015年は8月1日現在
（石巻市：仮設住宅一覧（各年）より作成）

2）生活再建後の住まい

　石巻市では4,500戸の復興公営住宅の整備が計画されている。そのうち2,318戸は2016年3月末までに入居が始まった。基本計画では2017年度中に全希望者が入居を終える予定である。

　応急仮設住宅住民に対する私たちの調査では，仮設住宅後の住まいとして多くの住民が復興公営住宅を選んでいる。2012年から2014年までの調査では自力再建による移転の意向が3割近くあったが，2015年の調査では1割程度に減少した。その反面，復興公営住宅への移転希望者は2012年の51％から2015年には66％にまで増加している。早い時期に自力再建をし，仮設住宅から移転した住民がいる一方で，年齢やローンなどの理由で自力再建をあきらめた層が，復興公営住宅への入居へと方針を切り替えたとみられる。

3）復興公営住宅の課題

　今後，仮設住宅からの移転が進んだとしても問題は残る。復興公営住宅は抽選による入居がほとんどなので，希望通りの住宅に入居できないケースもある。したがって，仮設住宅と同様にコミュニティ形成の問題が想定される。2014年と2015年の調査でも復興公営住宅への移転後の不安として，回答者の45％程度が「近所づきあい」をあげていた。さらに，2015年になると移転が現実的な問題となり，家賃など移転後の費用が見通せるようになったためか，「収入」や「貯蓄」への不安が増加している（図1-10）。

4）応急仮設住宅に取り残される人々

　移転が進む中で応急仮設住宅に取り残される人たちも出てきた。2015年調査で移転時期について聞いたところ，「見通しが立たない」という答えが29％もあった。

　今後は仮設住宅の集約が始まる。石巻市では2018年に応急仮設住宅の供与期間が終わるため，2016年5月の時点で入居率が3割以下になる仮設住宅団地の集約を進める方針である。開成・南境地区では，開成第10団地，第13団地と南境第4団地，第7団地が集約拠点団地となっており，ここに周辺地区23団地が集約される予定だ。しかも，仮設住宅に残っている住民は社会的弱者や周囲か

2．5年間の仮設住宅住民調査からみえた生活復興への課題　45

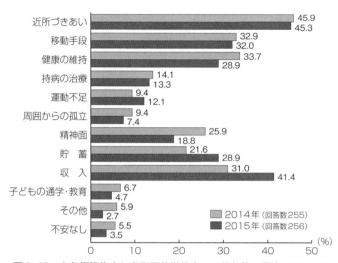

図1-10　応急仮設住宅から復興公営住宅への移転後の不安（複数回答）

（山崎泰央，山崎ゼミナール調査）

ら孤立していた人も多い。このような「取り残された」住民のケアを最後まで忘れてはならない。

（3）応急仮設住宅の住み心地

　応急仮設住宅の「住み心地」について，2012年調査では全体的に満足度が低かった。「満足」の約8％に対して，「不満」という回答が60％以上あった。2013年以降は「不満」が40％台まで下がり，満足度が高くなっている（図1-11）。総合的な満足度が3倍以上に増えている反面，不満足度は4割以上を維持している。この間の満足度の上昇は住民の慣れや諦めの結果を反映していると捉えてもよいだろう。2012年から2015年までの傾向をみると，部屋の広さや遮音性などの住環境面についての満足度が一貫して低い。買い物や通院などの生活環境面ではいくらかの改善がみられた。

1）収　　納

　2012年に最も満足度の低かった「収納」については，同年10月から希望者に対して屋外物置の設置工事が行われた。しかし，2013年調査では多少の改善は

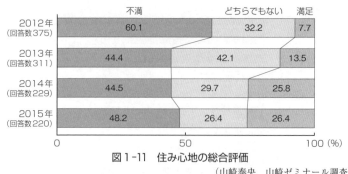

図1-11　住み心地の総合評価

（山崎泰央，山崎ゼミナール調査）

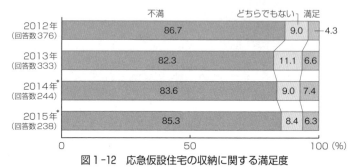

図1-12　応急仮設住宅の収納に関する満足度

＊2014年以降は「室内収納」について調査

（山崎泰央，山崎ゼミナール調査）

みられたものの満足度に大きな変化はなかった。2014年以降は室内収納に絞って満足度を調査したが，8割程度が不満と答えていた（図1-12）。応急仮設住宅での生活が長引き，生活用品などが増えたものと考えられる。住民の震災前の住居は9割弱が戸建てで，収納に余裕があった。しかし，応急仮設住宅では利用可能な空間が限られているため「収納」は簡単に解決できない問題である。

2）暑さ・寒さ

2011年に寒さ対策のための断熱工事が行われ，2012年夏には暑さ対策のためのエアコンの追加工事が行われた。調査は夏に行っているので，エアコンの増設直後の2013年には「不満」が減っていた（図1-13）。しかし，応急仮設住宅は構造上，窓が小さく風通しが悪いために熱気がたまりやすい。また壁は断熱をしてあるものの床や天井，窓からは寒気が入ってくる。暑さや寒さへの不満が

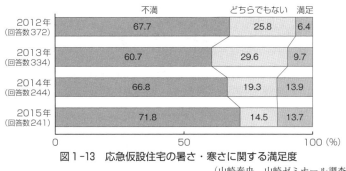

図1-13　応急仮設住宅の暑さ・寒さに関する満足度
（山崎泰央，山崎ゼミナール調査）

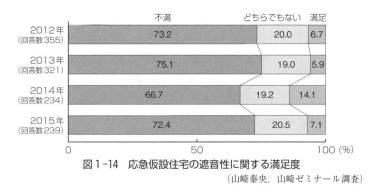

図1-14　応急仮設住宅の遮音性に関する満足度
（山崎泰央，山崎ゼミナール調査）

解消したとはいえず，2014年，2015年は「不満」が増えている。

3）遮　音　性

「遮音性」については改善が進んでいない。毎年「不満」が70％前後と多く，「満足」と答えている割合も少ない（図1-14）。遮音性については阪神・淡路大震災のときから問題となっていた。大阪市立大学宮野研究室の調査によれば6割以上が不満と答えており（図1-15），今回の調査と同程度の割合を示している。住宅に関する自由回答でも隣の話し声やテレビの音，子どもの声といった生活音についての記述が多かった。特に隣人との生活時間帯のずれによる問題が住民の精神的な負担にもなっていた。応急仮設住宅の設備面では，追加対策が講じられたが，遮音性の問題だけは解決されずに残っている。

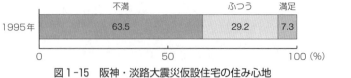

図1-15 阪神・淡路大震災仮設住宅の住み心地
（産経新聞大阪本社編集局，大阪市立大学宮野研究室，p.61，2000 より作成）

4）生活環境

　生活環境に関係する項目については，比較的不満が低い傾向にあった。「通勤・通学」および「通院」については，それぞれ「不満」が50％程度となっている。「買い物」については団地の近隣にコンビニエンスストアが開店したこと，大型スーパーの無料往復バスの運行が「不満」の緩和要因と考えられる。しかし，2014年には「不満」が前回調査の54.5％から62.0％に増えていた。これは，開成地区にあった仮設のミニスーパーが移転してしまったことや，大型スーパーの送迎バスの減便などが影響している。

5）室内環境

　その他，応急仮設住宅の不具合について自由記述で聞いたところ，室内環境に関する問題が多かった。カビや湿気，結露などの問題は入居から1年も満たない2012年の調査から最近の調査まで困りごととしてあげられている。さらに入居から4年目の2015年には，床の「へこみ」や「きしみ」といった，建物自体の不具合が目立って増えた。供与期間が7年目まで延長されることになっているが，補修などの対策が必要である。

（4）近所づきあい

　2011年8月の調査では，仮設住宅入居から間もないこともあって，半数が「あいさつ程度」の関係であった。さらに「親しい人はいない（ほとんど知らない）」という回答も24％あり，7割以上の人たちが人間関係に距離があったことがわかる。

　2012年以降になると「立ち話をする」以上の関係が増え，2013年には60％に達した。その反面「親しい人はいない（ほとんど知らない）」という回答は6％

にまで減った。仮設住宅に入居してから1年以上経過したことによって，近所との関係づくりが進んだようすがうかがえる（図1-16）。

2012年と2013年調査では，仮設住宅入居後に新たな「友人・知人」ができたかを聞いた。2012年には43％が新たな友人・知人は「いない」と答えていたが，翌年には27％と改善されていた（図1-17）。近所づきあいの程度で「親しい人はいない」割合と，友人・知人が「いない」割合が違っていたのは，「あいさつ程度」のような表面上の付き合いでは知人・友人とはいえないと住民が考えていたためであろう。

2014年からは仮設住宅団地内での「友人・知人の数」を聞いた。2014年から2015年の調査では「いない」という回答が約2割から約3割に増えていた（図1-18）。聞き方は違うが，友人・知人が「いない」割合は2012年から2014年まで順調に減少していたが，2015年では増加に転じた。これは2015年から本格的な復興公営住宅への移転が始まったため，もともと友人・知人のいない人が取り残されたり，仮設住宅団地でできた友人・知人が引っ越したりしたからだといえよう。

（5）仮設住宅団地以外の友人・知人とのつきあい

仮設住宅団地以外の友人・知人との「交遊頻度」について調べたところ，接触頻度の低下傾向がみられた。2014年に「1年に1回」ないし「ない」と答えた割合は約18％だったが，2015年には約22％に増加していた。団地内での交友関係だけでなく，生活全体での孤立化が進んでいることがうかがえる（図1-19）。

ただ，たとえ団地内に友人・知人がいなくとも外部にいれば，その人は孤独ではないといえる。調査の結果からは，仮設住宅団地内の友人が「1～5人程度」いる住民は，団地外の友人とも頻繁に交遊をもつ傾向がみられた。反対に団地内の友人が少ないほど，外部との交遊も少ないこともわかった。特に深刻なのは内部，外部ともに交遊関係のないケースで，これは「完全孤立」といえる。2014年調査では団地内に友人が「いない」という回答者のうち，仮設外との交遊が「まったくない」あるいは「1年に1回」と答えた人が3分の1を占

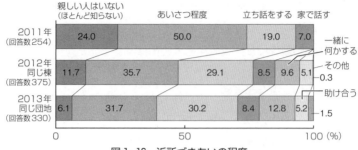

図1-16　近所づきあいの程度

（山崎泰央，山崎ゼミナール調査）

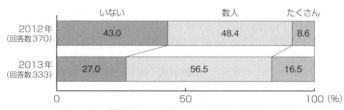

図1-17　仮設住宅入居後にできた新たな友人・知人

（山崎泰央，山崎ゼミナール調査）

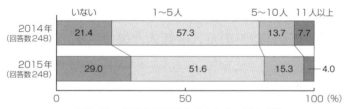

図1-18　仮設住宅団地内での友人・知人の数

（山崎泰央，山崎ゼミナール調査）

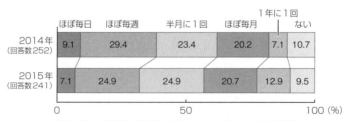

図1-19　仮設住宅団地以外の友人・知人との交遊頻度

（山崎泰央，山崎ゼミナール調査）

めており，有効回答246件中7％（18人）もいた。さらに，2015年になると239件中10％（24人）と増加傾向を示している。このような孤立した住民への対応が今後も求められる。

（6）「仮の生活圏思想」に基づく仮設住宅

　これまでの調査から住み心地と近所づきあいについて概観した。そこからわかることは，応急仮設住宅は「質」よりも「量」が基本的な建設思想になっていることである。応急仮設住宅は被災者の生活再建までのつなぎとして，一時的な居住の安定を図るため，応急に大量の住宅を提供することが前提となっている。そのため現実に「人が住まう」という実感に欠けた住宅が建設されてきた。

　たとえ「仮設」ではあっても住民はそこを生活の場としている。人が住まうということは毎日の生活の積み重ねであり，そうした日々の「生活の質」への配慮が必要となる。これまで，阪神・淡路大震災や新潟県中越地震で多くの応急仮設住宅が建設され，そこから得られた教訓や改善点も多くあったに違いない。しかし，それが東日本大震災ではどこまで生かされたのであろうか。例えば，応急仮設住宅の遮音性は阪神・淡路大震災のときから問題となっていた。そうした欠点が改善されぬまま同じ問題が繰り返されている。

　コミュニティの問題についても，仮設住宅団地入居以降の友人・知人が誰もいないとの回答が2015年に至っても2割以上ある。しかも，完全孤立者が1割もいたことは深刻な状況ともいえる。住民が孤立しないような交遊関係への配慮も，阪神・淡路大震災のときから指摘されている問題である。

　災害復興においては，建築・土木関係に予算と人が多く配分される。復興計画をつくる自治体の委員には建築・土木の専門家が名を連ねる。これでは，「生活づくり」よりも「物づくり」が優先されてしまう。いくら素晴らしい計画を立てて，立派な街を造っても，そこに住民がいなければ「はりぼて」の街でしかない。

　災害復興では，第一に住民生活の復興を考えて，元からいた住民にそこの街に住み続けたいと思ってもらうことが重要である。たとえ避難生活をしていて

も，地域に希望を感じていればそこを離れることはない。仮設住宅であっても，「生活の質」を高めることによって地域への信頼と希望がもてるようになり，住民が住み続けたい街となる。

したがって，これからの仮設住宅団地は，住宅設備を含めて建物の快適さを考慮することはもちろん，買い物や交通，コミュニティ，介護，健康，医療など生活全般の設計を含めたパッケージとして「仮の生活圏」をつくる思想が必要といえる。

（7）東日本大震災の復興過程から学ぶもの

「防災」というと，発災後の瞬発力が要求される避難行動や緊急支援ばかりに目が向けられがちだ。しかし災害後の復興の過程は長く，多様である。東日本大震災の復興過程を学び，平時から行政，企業，NPO，市民などが地域問題の解決に取り組む必要がある。事前に起こりうる問題を想定し，対応をしていくことこそが，震災の教訓を生かし「風化」をくい止める唯一の方法であろう。

参考文献
- 神戸大学〈震災研究会〉：阪神大震災研究4　大震災5年の歳月，神戸新聞総合出版センター，1999．
- 産経新聞大阪本社編集局，大阪市立大学宮野研究室：阪神大震災　はや5年まだ5年—被災者たちの復旧・復興—，学芸出版社，2000．
- 山崎泰央，山崎泰央ゼミナール：2015年震災後の生活と復興に関するアンケート調査報告，2015．
- 山崎泰央，山崎泰央ゼミナール：2014年震災後の生活と復興に関するアンケート調査報告，2014．
- 山崎泰央，山崎泰央ゼミナール：2013年震災後の生活と復興に関するアンケート調査報告，2013．
- 山崎泰央，西本健太朗ほか：石巻市開成・南境地区仮設住宅における東日本大震災後の生活と復興に関する調査，石巻専修大学経営学研究，2013；24(2)，39-70．
- 山崎泰央，山崎泰央ゼミナール：石巻市開成・南境地区仮設住宅実態調査報告書，石巻専修大学経営学研究，2012；23(2)，113-129．

第2章 生活再建から復興へ ～支援を糧に

　本プロジェクトでは人々の生活を見つめることを重視して活動を行ってきた。そのような視点から，本章では被災者の生活再建の過程を解明するための手掛かりとして次のような調査を行った。

　まず，東日本大震災の後，石巻地域で活動したボランティア団体とその受け入れ体制づくりについて，ボランティア団体の中心となった人々にインタビューを行い，その活動状況を時間の経過とともに把握した。また，石巻市ボランティアセンターを運営した社会福祉協議会の活動，石巻専修大学に設置された災害ボランティアセンターの活動など，さまざまな立場の活動についても聞きとり調査を行った。

　次に，支援物資の実情と問題点を，特に衣と食に関して調査した。支援物資についてはどの災害でもさまざまな問題があるといわれており，調査の結果に基づいて今後の支援物資のあり方についても検討した。

　さらに生活再建の一助として行った生活教室の活動について，手芸教室と料理教室を中心にしてまとめた。そこでは生活再建のためには楽しみや交流といった精神的な支えが必要であることを指摘し，地域の文化や伝統についての意識を高めることも大切であることを明らかにしている。

1. 活躍したボランティアと
　その受け入れ体制づくり

（1）災害とボランティア活動

　日本では，1923年に発生した関東大震災においても，青年団体などの有志が救援連絡等に携わったという記録がある[1]。1990年の雲仙普賢岳噴火災害や1993年北海道南西沖地震災害においても災害ボランティアの活躍はあったが，1995年に発生した阪神・淡路大震災では，発生から1年で推計約138万人（1日当たりの活動人数の概数に日数をかけた推計値）のボランティアが活動し[2]，後に「ボランティア元年」といわれた。これがボランティアの重要性について認識されるきっかけとなった。特に大規模災害では公的機関による救援だけでは対応できる範囲が限られるために，公的機関以外によるきめ細やかな支援活動に注目が集まった。

　これを受けて，1995年7月には防災基本計画が改訂され，「防災ボランティア活動の環境整備」および「ボランティアの受入れ」に関する項目が設けられた。同年12月には災害対策基本法が改正され，国および地方公共団体が「ボランティアによる防災活動の環境の整備に関する事項」の実施に努めなければならないことが法律上明確に指定された。その後も，地震や豪雨，台風，竜巻などの災害発生時に各地で活発なボランティア活動が展開されている。

　東日本大震災においても，発災直後から災害支援経験が豊富なNPO（非営利組織）やNGO（非政府組織）を中心にボランティアが被災各地に集まり，物資配布や炊き出し，泥出しなどの活動に取りかかった。東北3県（岩手・宮城・福島）で最大時には104の災害ボランティアセンターが設置され，2011年5月のピーク時には1日に約12,000人ものボランティアが活動したことが報告されている[3]。死者・行方不明者数が最大の被災自治体となった宮城県石巻市においても同様で，多くのボランティアやNPO，NGOなどの支援団体が集まり，長期にわたって活躍した。なお，NPOは狭義では特定非営利活動法人を示す

場合があるが，ここでは社団法人，社会福祉法人，宗教法人なども含む広義での非営利団体という趣旨で使用する。

日本家政学会東日本大震災生活研究プロジェクトでは，これまで宮城県石巻市において震災後の生活支援活動に継続的に携わってきた支援団体にインタビューを実施してきた。ここでは，支援団体の調整を行ってきた一般社団法人石巻災害復興支援協議会（現 公益社団法人みらいサポート石巻，以下「復興支援協議会」，「みらいサポート石巻」）と，石巻市災害ボランティアセンターを運営した社会福祉法人石巻市社会福祉協議会（以下「石巻社協」）を含む23の支援団体へのインタビューをもとにして，石巻市におけるボランティアの受け入れ体制と支援団体の活躍について述べる。

（2）石巻市における支援団体の受け入れ体制づくり

石巻市は「石巻社協」が運営した災害ボランティアセンターと支援団体との連携が円滑であった例として評価され，その仕組みは"石巻モデル"とも呼ばれている[4]。ここでは，石巻市で継続的に支援活動に携わったNPOやNGOへのインタビューから明らかとなったボランティアの受け入れ体制が整うまでの過程を振り返り，"石巻モデル"の成功要因を探る。

1）石巻市災害ボランティアセンターが設置されるまで

「石巻社協」では宮城県北部連続地震（2003），新潟県中越地震（2004）など各被災地への職員派遣を行ってきた。災害に備えたフォーラムや研修会を開催したり総合防災訓練等にも参加し，高い確率で発生が予想されていた宮城県沖地震に対する備えに取り組みや，災害ボランティアセンターの設置についても表2-1に示すような準備を進めていた。

「石巻社協」災害復興支援対策課（当時）へのインタビューでは，「（想定された津波被害の状況から）1,000人規模のボランティアセンターをつくりたいので，石巻専修大学さんに交渉していただけないかと市役所の方にアプローチをしました」と語られている。「石巻社協」と石巻市，石巻専修大学はボランティアセンターの設置などを旨とする防災協定の準備を進め，「石巻社協」と石巻市

表2-1　石巻市における災害ボランティアセンター設置の根拠

2005年9月13日	宮城県，石巻市，石巻市社会福祉協議会で，大規模災害時における「災害ボランティアセンターの設置・運営に関する覚書」として三者協定を結ぶ。
2006年4月1日	石巻市社会福祉協議会災害ボランティアセンター設置要綱の制定。
2008年2月4日	石巻市と石巻専修大学との包括連携協定の締結。
2008年10月1日	石巻市社会福祉協議会災害対策要綱の改正。
2011年3月30日	石巻専修大学，石巻市，石巻市社会福祉協議会で，防災協定の調印予定。

の間にはすでに覚書が交わされていた。

　また，震災が発生した2011年3月末には石巻市と石巻専修大学との間の防災協定の調印式が行われる予定であった。1月までに，市と大学それぞれで内容について機関決定がされており，実質的にはすでに協定は結ばれていたといえる。この防災協定では，具体的にどこを借りるかというところまで決まっており，発災前に災害ボランティアセンターの設置体制は整っていた。

　すなわち，"石巻モデル"といわれるほどにボランティアの受け入れがうまくいったのは，この三者間の協定があったためだといえる。こうした制度整備は緊急時の対応に非常に重要である。

　なお，災害発生時には通信網が麻痺することが予想されたことから，「石巻社協」では2010年12月までに本所および各支所・施設と緊急時の連絡が取れるように無線通信機を配備していた。発災直後の電気が通らない，電話がつながらない状況下において無線通信機の使用は非常に有効であり，その後の円滑な対応につながった。

　発災2日後の3月13日には災害ボランティアセンターの設置に関する覚書に基づいて，石巻市から「石巻社協」へ災害ボランティアセンターの設置要請があり，3月15日には災害ボランティアセンターを石巻専修大学に設置した（表2-2）。

表2-2　石巻市における災害ボランティアセンター運営状況

2011年3月11日	東日本大震災が発生。
2011年3月13日	石巻市から石巻市社会福祉協議会に災害ボランティアセンター設置の要請。
2011年3月15日	石巻専修大学5号館に災害ボランティアセンターを設置。
2011年11月30日	石巻専修大学から災害ボランティアセンターを移転。
2014年3月31日	災害ボランティアセンター閉所。

2）石巻市災害ボランティアセンターの運営開始

a．石巻専修大学がボランティアの一大拠点に

調印前であった防災協定に基づいて石巻専修大学内にボランティアセンターが設置された。校舎以外にも陸上競技場の芝生サイトがボランティアの宿泊のためのテント設営場所として開放され，野球部屋内練習場は物資倉庫として提供された（表2-3）。

発災前には，大規模な災害が発生した場合でも，大勢のボランティアは仙台までは来ても石巻まで来る人は少ないと予測されていた[5]。実際には，テントの設営場所や支援団体が自立的に活動できる，普通車860台分の広い駐車場とグラウンドの提供によって，ボランティアの活動拠点および滞在場所が確保され，石巻専修大学はボランティア活動の一大拠点となった。

こうしたインフラの提供によって石巻には非常に多くの個人ボランティアおよびNPO，NGOが集まった。なお，災害ボランティアセンターが，後述する多くのボランティアから構成される「復興支援協議会」とともに，石巻専修大学テントサイト使用ルールを自主的に作成して，主体的に運営にあたったこともスムーズな運営ができたことの要因である。

b．すべてのボランティアの受け入れ

災害ボランティアセンターを運営する「石巻社協」では，被災者でもある職員が対応に追われ，負担は非常に大きかった。石巻以外の地域では，ガソリンの欠乏や余震の発生などの混乱を最小限にするために，発災直後はボランティアの受け入れ人数を制限するなどしていたが，石巻災害ボランティアセンターは制限なく受け入れることを決断した。

表2-3 石巻専修大学の協力

・避難所としての教室等の開放
・災害ボランティアセンターの設置
・災害復興支援協議会事務所の設置
・ボランティア滞在用のテント設営場所（構内芝生）の提供
・ボランティアへの駐車場の提供
・仮設トイレ設置場所の提供
・物資倉庫としての野球部屋内練習場の提供

その決断をした背景には"受援力（じゅえんりょく）"があったことが「石巻社協」へのインタビューで語られている。"受援力"とは支援を受ける側の力である。支援をどのように受け，自らの生活や支援活動に生かせるかは，支援する側と支援を受ける側双方の力が必要であり，均衡が偏ると自己満足になったり依存傾向を生み出したりする[6]。また，"受援力"を平時より高めておくことが重要である。大規模災害によって被害を受けた地域の復旧・復興過程においては"受援力"もある程度必要であることが石巻では震災前から認識されていたといえる。

3）石巻災害復興支援協議会の誕生
a．災害支援経験のあるスタッフが所属する団体に調整を依頼
ボランティアの受け入れが始まると，被災者のニーズを把握し，それに応じたボランティアを派遣するマッチングが必要となった。しかし，発災直後の混乱期において，災害ボランティアセンターの職員だけでマッチングを行うことは到底無理であった。そこで，災害ボランティアセンターの職員は阪神・淡路大震災で災害支援経験をもつメンバーがいた支援団体に炊き出し等のコーディネートを依頼した。

同じ頃，支援に入っていた他団体も，より多くの被災者に物資や炊き出しを提供するためには，団体間で情報を共有して調整していく必要があること，また支援活動を行う上で必要な情報取得のためにも，地元とのつながりが必要であると感じていた。そこで，災害支援において豊富な経験をもつ支援団体からの提案で，地元スタッフと外部からの支援者との情報共有のための「連絡会」

表2-4　石巻災害復興支援協議会の設立

2011年3月20日	NPO・NGO連絡会の開始。
2011年4月2日	石巻災害復興支援協議会に改称。
2011年5月13日	一般社団法人石巻災害復興支援協議会の設立。
2012年4月1日	石巻専修大学から事務所を移転。
2012年11月22日	みらいサポート石巻へ名称変更。
2015年7月1日	公益社団法人みらいサポート石巻として活動継続。

を開始した（表2-4）。「復興支援協議会」へのインタビューでは，このときの状況を「被災者が食糧のあるところに移動したり，家族を探すために移動していたため（市役所が把握している情報との）不整合な部分が出てきた」，「（支援物資や炊き出しが）多く入ったり，こっちには全然入ってこないというような情報が寄せられるので，連絡会で調整していきましょうということで……」「（他の地域から来た支援団体）地元との関係がなく難しい運営を強いられていた」と語っている。

　b．「復興支援協議会」で生かされた支援団体による活動　「連絡会」の代表も石巻市の災害対策本部会議に参加するようになり，行政に活動報告を行うとともに，自衛隊との情報交換も行われるようになった。4月2日には「連絡会」は「復興支援協議会」に改称し，支援内容や目的を持って集まったNPOやNGOなどの支援団体が登録して情報共有をする「復興支援協議会」と，個人ボランティアを受け入れて市民からのニーズに対応する災害ボランティアセンターとで役割分担をしながら，災害支援を進めるようになった。「復興支援協議会」への登録団体は344団体（2012年5月31日現在）[7]にのぼり，過去の災害支援で培ったNPO，NGO団体の経験が石巻市の復旧・復興に大きな力を発揮した。

4）石巻市社会福祉協議会と石巻災害復興支援協議会のその後の活動

　a．コミュニティ形成支援　発災から2年が経過して自立や復興に向けて新たなフェーズに移る中で，「石巻社協」では2013年4月から地域の福祉活動

の活性化やコミュニティ形成の支援を行う地域福祉コーディネーターを配置した。「復興支援協議会」へのインタビューで，地域福祉コーディネーターは地域を主役に後方支援をする役割や地域のつながりをつくる役割をもつと述べられており，一方的に与える支援ではなく，住民主体の地域づくりを支える支援へと変化していったといえる。

b．自立・自活を促す支援　一方で「復興支援協議会」も，2012年11月に「みらいサポート石巻」に名称を変更して，復旧から復興へ被災者の自立・自活を促す支援へと活動内容を移していった。現在，「みらいサポート石巻」では，行政と住民の間に立って，市民の意見を吸い上げたまちづくりに力を入れている。その一環として，住民主体の地域活動を促進するために設けられた復興応援隊事業を宮城県から受託して，仮設住宅自治連合推進会の事務局を支援するなど，コミュニティ支援も継続しながら再開発準備組合の事務局支援や石巻市観光協会の支援を始めた。

c．効果が発揮された団体間の支援調整　発災直後の混乱した状況下ではNPO等の団体間の調整が難しく，支援団体が個々の判断で支援活動を展開したために，支援活動が重複したり行き届かなかったりすることや，仮設住宅が整備されて自立に向けた支援活動に転換する時期に至っても物資支援を続けるなどの問題が生じる場合があることが指摘されている[6]。

石巻市では「復興支援協議会」が中心となって連絡調整会議を実施したことで，参加した支援団体間で情報が共有され，支援の場所や内容が重複しないように活動を展開していった。また，「みらいサポート石巻」は，災害ボランティアセンターと連携しながら，自立に向けた支援への転換を率先して行った。

（3）石巻市におけるさまざまな支援のかたち

石巻市で活躍した支援団体は運営体制や構成員，時系列的にみた支援内容の特徴から，大きく3つのグループに分けることができる（図2-1）。ここでは本プロジェクトで実施したインタビューから，主な支援団体の支援活動の移り変わりを紹介する。

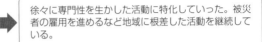

図2-1 石巻市で活躍した3タイプの生活支援団体

1）災害支援の経験豊富なスタッフが所属する団体

a．発災直後からの支援活動　阪神・淡路大震災以降のさまざまな地域での災害支援を経験したボランティアは，発災後数日〜数週間のうちに石巻に入って支援活動を始めた。「まだボランティアが入るには時期尚早」という雰囲気もあったが，阪神・淡路大震災後の災害支援によってできたネットワークを通して「石巻社協」がボランティアセンターを立ち上げたことが伝わり，石巻に向かうこととなったとインタビューで述べている。

一般社団法人ピースボート災害ボランティアセンター（以下「ピースボート」）には災害支援の経験が豊富な者が多く所属し，その経験を生かした活動を展開した。災害支援の経験が豊富な公益財団法人日本財団や，国外でも災害支援の経験がある特定非営利活動法人ジェン（JEN：以下「JEN」），経験豊富なスタッフが活躍し，後に法人化したNPO法人め組JAPAN（以下「め組」）や一般社団法人OPEN JAPAN（以下「OPEN JAPAN」）なども，発災直後から活躍した[7]。

b．地元の人と協働した「復興支援協議会」の設立　災害支援の経験豊富

なスタッフが所属する団体の多くは，炊き出しや物資配布を行いながら，災害ボランティアセンターを運営する「石巻社協」のボランティアの受け入れと調整に協力した。また，炊き出しや泥出しは団体ごとに活動エリアの担当分けをしたほうが効率的に活動できると考えて，支援団体による「連絡会」を立ち上げた。さらに，「連絡会」に地元の青年会議所のメンバーを加えた「復興支援協議会」ができた。

地理的な情報やコミュニティの状況など，地元の人でないとわかりづらい情報を得ることによって，より適切な生活支援が行える。また，石巻圏外から来た支援団体はいつか去るので，継続的な支援のためには地元の人が活動の中心となってゆくことが望ましい。これらのことから，地元の人を含めた「復興支援協議会」ができた。

c．石巻圏外から来た支援団体の活躍　石巻圏外から来た団体は震災前からのネットワークを通じて募金の呼びかけや物資供給を行った。また，災害支援の経験が豊富なスタッフが所属するこれらの団体には，全国からボランティア希望者の問い合わせなども多く，多数のボランティアを束ねて，炊き出しや物資配布，泥出しなどの人海戦術的な支援活動を，その時々のニーズに合わせて行った。

被災者の生活の場が仮設住宅に移ると，抽選で入居し，見知らぬ隣人と生活することになった市街地の仮設団地では孤独死が危惧されたので，見回りをしたり，仮設団地の集会所でのお茶っこ（お茶会）や共同料理，イベントの開催など，孤独死を防ぐためのコミュニティ形成支援を行うようになった。孤独死は阪神・淡路大震災の仮設住宅で大きな問題として認識されたからである。

経験豊富な支援団体の活動の特徴は，過去の活動で創り上げたネットワークを生かした，災害発生直後の機敏な対応や多数のボランティアを投入する強力な人海戦術である。また，石巻市の災害ボランティアセンターおよび「復興支援協議会」の運営にもこれらの団体が大きな貢献をした。

2）外部支援者による専門性を生かした活動を継続する団体

発災直後には物資供給や炊き出し，泥出しなど，ニーズに応じてさまざまな

支援を行った団体も多かったが，被災者の生活の場が避難所から仮設住宅へと移ってからは，より専門性を生かした活動に特化していった。

a．主な団体

① **特定非営利活動法人オンザロード**（以下「オンザロード」）　国際支援活動として学校やゲストハウスの運営を行ってきた「オンザロード」は，がれき撤去や泥出し，炊き出し，仮設住宅での支援，漁業や商店の復興支援など，ニーズに応じてさまざまな支援を行った。また海外でのゲストハウスの運営などの経験を生かして，宿泊施設やコミュニティスペースを併設した複合施設の運営を行っている。

② **セカンドハーベスト・ジャパン**（以下「セカンドハーベスト」）　震災前に路上生活者への炊き出しやフードバンク活動を行っていた「セカンドハーベスト」では，震災直後から石巻市や災害支援団体への物資供給や津波被害を受けた在宅避難者への食品を中心とした物資配布を行った。その後，被災した在宅避難者の食糧支援から，被災により経済的困窮に陥った方への食糧支援へと，徐々に活動をシフトしていった。さらに教育現場等で講演を行うなど，フードバンク活動を広める活動も行ってきた。「セカンドハーベスト」は石巻事務所を閉鎖したが，元職員が引き継いでフードバンク事業を行っている。

③ **宗教法人カトリック仙台司教区のカリタス石巻ベース**（以下「カリタス」）「カリタス」は避難所運営などに携わった後，仮設住宅や団体で運営するオープンスペースでの傾聴などのよりそい活動を継続している。

④ **一般社団法人キャンナス東北**（以下「キャンナス東北」）　全国訪問ボランティアナースの会キャンナスは，震災直後から避難所での看護や衛生管理などの支援を始め，その後「キャンナス東北」を設立した。「キャンナス東北」は仮設住宅や交通が不便な半島部での健康相談や訪問活動，リハビリ相談会などを宮城県および石巻市からの委託事業として行ってきたが，2016年3月で終了した。

2016年7月以降，元のスタッフらによって，「おらほの家プロジェクト」が立ち上げられ，コミュニティスペースを開放して地域の高齢者を中心としたサ

ロン活動をするなどの非営利事業を継続している。

　⑤ **一般社団法人日本カーシェアリング協会**（以下「カーシェアリング」）
「カーシェアリング」は「OPEN JAPAN」のプロジェクトの一つとして始められ，それが独立したものである（p.156参照）。東日本大震災では津波により車を失った被災者が多かった。そこで，車を提供したいと考えている企業や個人と車が必要な被災者のグループとをつなぎ，車の共同利用のサポートを始めた。

　車の共同利用は利用者間でのルールを決める必要があり，その過程で必然的にコミュニティが生まれる。そして高齢者や運転ができない方の送迎をすることによって，これらの人も巻き込んでコミュニティが広がり，仮設住宅の自治会形成につながった事例があった。この仕組みを復興公営住宅でも引き継ぎ，車の共同利用を通したコミュニティづくりを支援している。さらに石巻で生まれたこの仕組みを他地域にも広げていくことを目指している。

　⑥ **特定非営利活動法人移動支援Rera**（以下「Rera」）　「Rera」も移動支援を中心に行ってきた団体である。発災直後からNPO法人ホップ障害者地域支援センターを母体に任意団体として活動していたが，その後NPO法人格を取得した。発災直後は津波によって車を失った被災者が多かったことから，移動のニーズは幅広くあったが，次第に高齢者や障害者などへの支援が中心となり，現在もそうした活動を継続している。

　⑦ **一般社団法人プロジェクト結（ゆい）コンソーシアム**（以下「結」）　「結」は集団移転の引っ越し支援を行うために被災地に入ったが，ニーズがなかった。そこで，代表が元々教育関連企業を経験していたこともあり，子どもの教育支援を始めた。遊び場が不足していた応急仮設住宅では集会所を利用した遊び場の提供や，避難所として利用されていた学校では大きくなった教職員の負担軽減のための学校業務のサポートなどを行ってきた。

　b．これまでの経験が地元の活動につながる　「オンザロード」は震災前から行っていた国際支援活動としての学校やゲストハウスの運営の経験を生かして，被災地でも宿泊施設やコミュニティスペースを併設した複合施設を運営し，「セカンドハーベスト」は路上生活者への炊き出しやフードバンク活動な

どの経験を生かして，食糧支援やフードバンク活動を広めるための活動を行ってきた。これらの団体は，震災前から行ってきた活動の経験や専門性を生かした支援を継続して行っていることに特徴がある。

また，「カリタス」，「キャンナス東北」，「カーシェアリング」，「Rera」は，いずれも外部からの支援者によって震災後に設立された団体である。活動の母体となる団体や本部からの支援を受けながら，それぞれの専門性を生かした支援を継続している。「結」も外部支援者によって震災後に設立された団体であり，代表およびメンバーのこれまでの経験を生かした専門に特化した支援を行っている。

これらの支援活動は，震災後に災害支援のために集まった外部支援者によって始まったが，次第に地元の被災者の雇用を進めて地元の人に引き継ぎながら，地域に根付いた活動へと展開している。

3）被災者が立ち上げた団体
a．主な団体

① **一般社団法人石巻災害復興支援協議会**　「復興支援協議会」（現「みらいサポート石巻」）は，石巻圏外からの支援団体と被災地をつなぐことを役割として立ち上がった。その後，支援団体受け入れ窓口としての活動の必要性から，地元住民が中心となって復興に向けて取り組む支援活動へと活動内容は移り変わってきた。

② **一般社団法人石巻じちれん**（以下「じちれん」）　「じちれん」は石巻仮設住宅自治連合推進会の事務局であり，被災者によって設立された地縁団体である。「孤独死をなくそう」を合い言葉として，自治会間で情報交換や連携を行いながら，仮設住宅のコミュニティ形成や維持のサポートなどを行ってきた。また，復興公営住宅等でも新しいコミュニティ形成支援を引き続き行うなど，地域支援を継続している。

③ **特定非営利活動法人ベビースマイル石巻**（以下「ベビースマイル」）　避難所や仮設住宅で生活する中で問題意識をもち，活動を始めた団体も多く，「ベビースマイル」もその一つである。

「ベビースマイル」の代表は，震災前に参加していたサークル活動の継続が震災によって難しくなり，被災者として日々不安に過ごしていた。そうした中で，自分と同じ子育て中の方たちと集まって情報交換をする機会が必要だと感じて，新たに子育て支援サークルをつくった。子育て中の母親が集まる場所を提供して，遊び場やイベント，講習会を開いて，集まって寄り添うことで震災後の親子のケアや復興に向けたコミュニティづくり，子育てに関する相談や情報の提供などを行っている。活動は現在も継続している。

④ **一般社団法人はまのね**（以下「はまのね」） 「はまのね」代表は，牡鹿(おしか)半島の甚大な被害を受けた浜の出身で，地域の再生のために蛤浜(はまぐりはま)再生プロジェクトを立ち上げ，Caféはまぐり堂を運営する（p.158参照）。古民家を改修したカフェとセレクトショップをオープンし，ツリーハウスを建設し，自然学校なども主催している。今後，地域の魅力，地域の資源を生かしたマリンスポーツの体験や，家具製造，駆除された鹿の有効利用，漁家民宿なども計画している。

b．被災者が立ち上げた団体の特徴 「復興支援協議会」のように避難所の時期から活動を開始している団体もあるが，被災者によって立ち上げられた団体の多くは発災後2～4か月程度経過してから活動を始め，なかには1年以上経過してから始動した団体もあった。

外部支援者によって立ち上げられた団体に比べて立ち上げ時期がやや遅く，被災者としてできることから始めて，被災者として感じた思いや地域とのつながりを生かした活動を行っていることが特徴である。震災後の時間が経過するにしたがって引き上げていく外部団体が多くなる中で，被災者が立ち上げたこれらの団体は，被災地域の住民として，復興に向けて長期にわたり活動していく意向がみられる。

c．石巻圏外からの団体と被災者が立ち上げた団体のかかわりと特徴 被災者が立ち上げた支援団体は，外部支援者の協力を得たり外部支援者がスタッフとして加わっていた時期もあった。また，イベントや講習会の開催や大きなプロジェクトを進めるといった活動にあたっては，経験豊富な外部からの団体や企業などの支援と協力に支えられていた。

外部からの支援団体による発災直後の炊き出しや物資配布やがれき撤去などは，被災地の生活復興を促す大きな力となるが，地域の再生や復興にフェーズが移り変わったときには，被災地域の住民が時間をかけて主体的に取り組んでいく必要がある。外部支援者によって立ち上げられた団体ではスタッフとして被災者を雇用して，活動を地域に引き継いでいく準備が進められた。被災者によって立ち上げられた団体は今後も継続的な活動によって地域を再生へと導いていくことが期待されるし，外部団体が被災者の活動を支えて協力することも復興に向けた地域住民主体のまちづくりを見据えた重要な支援のかたちである。

4）災害支援から地域を支えるための支援へ

a．コミュニティづくり　東日本大震災の発生後，石巻市の大型仮設住宅団地では抽選によって入居したために，地域のつながりが希薄で世帯分離も進んだ。「カリタス」によるオープンスペースの開放や，「キャンナス東北」および「おらほの家プロジェクト」によるコミュニティスペースの開放は希薄化した地域のつながりを強化する役割も担っている。

　「カーシェアリング」が支援している車の共同利用は移動支援でもあるが，カーシェア活動を通しての地域のコミュニティづくりにもつながっている。

　「じちれん」は自治会の情報共有や連携などを通してコミュニティの形成および維持のために活動している。震災をきっかけに地域のつながりの希薄化が急速に進み，生活の場が大きく変化した石巻市では，地域コミュニティの再構築のための支援が求められてきたことがうかがえる。

b．家族・地域のつながりの弱体化を補完する生活支援　震災で地域のつながりが失われ，家族の世帯分離が進んだことによって，震災前には家族や隣近所で協力しながら行っていた家庭や地域の相互扶助を，社会化や外部化によって補完する必要性が生じた。「Rera」の高齢者や障害者の移動支援や「ベビースマイル」が行っている子育て世代の情報共有やコミュニティづくりのためのイベントなどの開催は，社会化・外部化によって家族機能の弱体化を補完した事例である。

　地域のつながりの希薄化や家族機能の弱体化は，被災地域だけの課題ではな

い。かつては当たり前のようにみられていた隣近所との相互扶助の交流関係が経済・社会環境や人々の意識が変化する中で失われ，どの地域でもつながりが希薄化している。その一方で，少子高齢化や世帯規模の縮小によって家族の相互扶助機能が弱体化する中で，災害時に必要とされる自助や共助による生活支援はますます行われにくくなっている。地域のつながり支援や家族機能の弱体化に対する支援は，今日では最重要課題である。

　被害を最小化する減災のためにも，また被災地でなくても，日頃の家族や地域のつながりづくりは重要である。地域のコミュニティづくりや維持に対する支援は日常的に地域を支えるために，災害時以外にも求められる支援である。

　ｃ．地域活性化につながる支援　「オンザロード」や「はまのね」の宿泊施設，レストラン，カフェでは，地域の食材を提供し地元の方との交流やマリンスポーツ等の体験を通して，地域の魅力を発信する役割をもっている。これらの活動も，被災地域に限らず地域おこしや地域活性化の視点から行われている支援と共通する部分が多い。

　ｄ．世界的課題の食品ロス問題を被災地に生かす　「セカンドハーベスト」は，現代の世界的課題である食品ロスを軽減するフードバンク活動を，被災地域に浸透させるきっかけづくりをした。食品ロスとは，まだ食べられるにもかかわらず廃棄されてしまうことを指す。企業により大量生産された食品が包装の破損や賞味期限が迫っているなどの理由から大量に廃棄されており，問題となっている。フードバンク活動とは，こうした食品と，食べ物を必要としている人とをつなぐ活動であり，「セカンドハーベスト」はその活動の日本での普及を目指している。

　ｅ．学校支援　「結」の子どもたちへの遊び場提供や，学校運営支援による教職員の負担軽減などの支援は必ずしも震災時だけの問題ではない。震災をきっかけに児童・生徒を取り巻く課題が表出して支援の手が入ることとなったが，文部科学省の「チーム学校」の提案にみられるように，被災地以外でも同様の課題を抱えている地域が多い。

　ｆ．被災地で行われた支援は全国共通の課題　これらの支援活動は，震災

発生から5年以上経過した現在も継続して行われている。石巻市では震災後に始まった支援活動が災害時以後にも求められ，地域を支えるための活動として定着しつつある。このような活動の必要性が今後もますます認識され，NPO等による地域支援のモデルとして，被災地のみならずさまざまな地域に広がっていくことが期待される。

5）それぞれの特長を生かした3つのグループの支援団体による活動から見えてきたもの

a．支援団体の特長を生かした活動が復興を支えた　東日本大震災後の石巻には多くのNPOやNGOが集まったが，その支援のかたちはさまざまであった。そして，それぞれの強みを生かした活動がうまく連携して，石巻の復興を支援していったといえる。

支援団体は「災害支援の経験豊富なスタッフが所属する団体」，「外部支援者によって専門性を生かした活動を継続する団体」，「被災者によって立ち上げられた団体」の3つのグループに大きく分けられる（図2-1）。その中でも阪神・淡路大震災などでの経験をもった「災害支援の経験豊富なスタッフが所属する団体」は，発災から数日のうちに救援物資や緊急支援のための機材などを持って石巻に入った。被災地の情報が入りにくく，高速道路が通行止めとなり国道も寸断された状況下で石巻を支援対象に選んだのは，過去の災害支援を通してできたボランティア仲間のネットワークによる，石巻のボランティア受け入れ状況に関する情報発信が大きかった。

こうした緊急時の情報収集力は非常に重要であり，これらの団体のノウハウがその後の活動にも生かされた。こうした団体は，これまでの経験を踏まえて，災害ボランティアセンターの立ち上げ支援や「復興支援協議会」設立と運営にかかわり，石巻での支援団体の受け入れ体制づくりを支えた。この初動期におけるスピードや効率的に支援活動を進めるための仕組みづくりは，過去の災害支援経験の賜物といえるだろう。

b．スピーディにかつパワーのある外部支援から継続的な自立支援へ　海外での緊急災害支援や開発支援の経験が豊富な団体も早い時期から支援活動に

入り，過去の経験を生かしたスピードとパワーを発揮した。これらの団体には緊急支援のための機材の多くが揃っており，ボランティアを集めるネットワークなどもできていたことから，炊き出しや物資供給，がれき撤去，泥出しなど人海戦術的な支援が必要な時期において，多くのボランティアや物資，機材を集めて調整し，スピーディにかつパワーのある支援を進めた。

東日本大震災の被害が甚大で広域にわたったために，被災地の復旧には膨大な人手が必要であり，復興に向けた取り組みには長い期間が必要である。このような状況の中で「外部支援者によって専門性を生かした活動を継続する団体」が出てきた。これらの団体は，発災直後は人海戦術的な緊急支援に携わりつつも，徐々に各団体の専門性に特化した活動を継続するようになっていった。

外部支援者によって立ち上げられた団体では徐々に地域住民の雇用を進めている。また，多くの団体では外部支援者も石巻に定住し，今では石巻市民として一体化して活動している場合が多い。復旧活動の中で新たなニーズを捉え，それを団体の専門としながらも地域の復興のために長期的な視点で支援を継続している。

c．住民主体の地域づくりや地域再生の重要性　「被災者によって立ち上げられた団体」は，緊急的な災害支援とは異なって，地域づくりや地域の再生のための支援を行っており，じっくりと時間をかけた支援や活動が続けられているのが特徴である。

石巻市では，「石巻社協」と「復興支援協議会」（現「みらいサポート石巻」）および「災害支援の経験豊富なスタッフが所属する団体」が中心となって，発災直後のスピードとパワーが求められる支援を支えた。その後，徐々に「外部支援者によって専門性を生かした活動を継続する団体」や「被災者によって立ち上げられた団体」の活躍もみられるようになり，外部支援者と被災者が融合しつつ，石巻市の住民に活動が引き継がれ，住民主体の地域づくりや地域再生という長期的な復興支援を担っていくことになった。

すなわち，長期的に復興に向けて取り組むためには地域づくりを支えるような活動，特にコミュニティの再生や，災害によっていったん失われた地域のつ

ながりを補うような支援について，地域住民と一緒に考えて活動していくことや被災者の立場から始めた活動を応援していくことが求められているといえる。

d．ニーズの変化に合わせた活動の連携と継続　緊急時の災害支援から現在も継続している復興支援まで，多くのNPOやNGOがそれぞれの得意分野や特長を生かしてさまざまなかたちで支援を行ってきた。災害の規模や地域特性によって状況は異なるが，支援をするNPOやNGOの側も支援を受ける側も，ともにその時々の状況やニーズを共有する必要がある。また，支援を受ける側は状況に合わせて外部支援者と協働し，支援をする組織も過去の経験なども踏まえながらニーズの変化に合わせた活動をしていくことが必要となる。緊急支援から復興支援へという被災地支援にはこうした連携と継続が重要である。

（4）東日本大震災の経験を生かして
1）石巻から全国へ

災害ボランティアセンターを運営していた「石巻社協」と「復興支援協議会」では，講演などを通して東日本大震災での経験を積極的に伝えていく活動を行っている。一般には社会福祉協議会がボランティアセンターを設置して，ボランティアの受け入れとマッチングに対応することが多いが，石巻では「復興支援協議会」という支援団体の受け入れ窓口を設けて，社会福祉協議会が運営するボランティアセンターと協力してボランティアの受け入れシステムを整備した。「石巻社協」と「復興支援協議会」は，この"石巻モデル"を積極的に伝えていく活動を行っている。

a．講演や研修会などを通した積極的な活動

①「復興支援協議会」　ボランティア受け入れ窓口の役割を終えた「復興支援協議会」は，石巻の今後の復興につながる活動を始めるために，名称を「みらいサポート石巻」と変更し，被災地ツアーや震災についての語り部プログラムを開催して，視察や防災教育を目的とした研修を受け入れている。

②「ピースボート」　「ピースボート」は，阪神・淡路大震災以来の災

害支援経験が豊富で，東日本大震災では災害ボランティアセンターの立ち上げ時には炊き出し等の調整に協力し，NPO・NGOの連絡会の立ち上げにもかかわった。この団体は，東日本大震災での経験を踏まえて，ボランティアに参加する心構えや持ち物などを学ぶことができる講習会や，被災者のニーズを汲み取って，個人ボランティアをまとめるボランティアリーダーを育成する研修会を各地で行うようになった。

③「石巻社協」　「石巻社協」は，2016年4月14日に熊本県を中心として発生した熊本地震の被災地に職員を派遣し，東日本大震災時の災害ボランティアセンター運営のノウハウを伝えるとともに，ニーズの把握などを支援した。「みらいサポート石巻」でも熊本地震の支援活動を行うとともに，熊本の支援に集まった団体の調整会議である「火の国会議」のサポートなどを行っている。

　b．経験を生かして広げる　　過去の災害支援経験が豊富な団体は，これまでに培ったネットワークを生かして，東日本大震災と同様に，いち早く熊本地震の被災地に現地入りして，物資の配布や輸送，炊き出し，がれき撤去や清掃にあたっている。また東日本大震災後にできた団体も，その経験を生かして熊本地震でも同様の支援に取り組んでいる。

　2）支援の力を最大限に生かすために
　a．全国災害ボランティア支援団体ネットワーク（以下「JVOAD」）　東日本大震災後，「JVOAD」準備会が立ち上げられた。「JVOAD」は，東日本大震災での災害対応の課題を踏まえて，今後の国内災害における被災者支援活動をより円滑的にサポートするための全国域災害対応ネットワークである。
　「JVOAD」は，平時には災害ボランティアセンター等の連携強化や産官民のNPOやNGOなどの支援団体間の連携促進を図り，災害時には被災した地域の災害ボランティア支援団体のネットワークを立ち上げてサポートする組織である。すなわち，震災時のニーズや支援に関する情報の集約と支援活動の調整機能としての役割を果たす。この「JVOAD」は，2016年6月に設立予定であったが，準備中に熊本地震が発生したことから準備会として活動を開始した。

熊本地震の発生後,「JVOAD」が調整役となって2016年4月19日から「火の国会議」を毎晩開いた。その中で被災者のニーズと物資,人手についてNPO間で調整するとともに,県や内閣府と情報共有をした。

b. 阪神・淡路大震災の経験を引き継ぎ発展させる　ボランティアの重要性が広く認識されるきっかけともなった阪神・淡路大震災から20年以上が経過した。その間,新潟県中越地震,中越沖地震や各地で発生した豪雨,台風などのさまざまな災害発生時にボランティアによる支援が展開された。東日本大震災においても復旧・復興の過程において多くのNPO・NGOや個人ボランティアが活躍した。

阪神・淡路大震災で積極的に災害支援を行った団体は,東日本大震災において支援団体の取りまとめ役を担った。東日本大震災で活動した支援団体は2016年に発生した熊本地震でもその直後から支援を行うなど,各団体で培われた災害ボランティアのスキルやネットワークが再び生かされている。

c. 法律の改正による防災ボランティア活動の環境整備と活躍への期待
阪神・淡路大震災後,政府は防災基本計画の改訂や災害対策基本法の改正によって防災ボランティア活動の環境整備を進めた。

東日本大震災では「復興支援協議会」を始め,いくつかの地域で,NPO・NGO等のネットワークが構築され,全国のNPO・NGO等による広域連携ネットワークである東日本大震災支援全国ネットワーク(JCN)なども設立された。そして現在,「JVOAD」による全国域災害対応ネットワークづくりが進められている。

このように各種災害での経験は着実に生かされており,災害時の環境整備,災害対応を行政として円滑化するためのネットワーク構築が進む中で,災害時の緊急支援およびその後の生活支援や地域づくりにおける支援団体やボランティアの活躍が今後ますます期待される。

引用文献

1）鈴木淳：関東大震災　消防・医療・ボランティアから検証する，p.32，筑摩書房，2004.
2）兵庫県：阪神・淡路大震災　一般ボランティア活動者数推計（H7.1〜H12.3），2006.（http://web.pref.hyogo.jp/wd33/wd33_000000144.html，2016年6月閲覧）
3）全国社会福祉協議会：東日本大震災災害ボランティアセンター報告書，2012.（http://www.shakyo.or.jp/research/11volunteer.html，2016年6月閲覧）
4）中原一歩：奇跡の災害ボランティア「石巻モデル」，朝日新聞出版，2011.
5）石巻市社会福祉協議会，石巻市災害ボランティアセンター事業報告書，2014.（http://www.ishinomaki-shakyo.or.jp/saigaivc，2016年6月閲覧）
6）本間照雄：災害ボランティア活動の展開と新たな課題―支援力と受援力の不調和が生み出す戸惑い―，社会学年報，2014；43；49-64.
7）みらいサポート石巻：3.11　東日本大震災から2年―石巻災害復興支援協議会活動報告書―，2013.（http://ishinomaki-support.com/category/ishinomaki_cat/idrac_report/，2016年6月閲覧）

参考文献

・内閣府，平成19年版防災白書，2007.（http://www.bousai.go.jp/kaigirep/hakusho/h19/index.htm，2016年6月閲覧）
・坂田隆：石巻専修大学　住民とともに歩む息の長い活動を展開，産学官連携ジャーナル，2012；8(1)；42-44.
・内閣府（災害予防担当）：防災ボランティア活動の多様な支援活動を受け入れる　地域の『受援力』を高めるために．（http://www.bousai-vol.go.jp/，2016年6月閲覧）
・石巻かほく　メディア猫の目：熊本支援　石巻市社協，4職員派遣　震災時のノウハウ伝える，2016年5月7日掲載．（http://ishinomaki.kahoku.co.jp/news/2016/05/20160507t13004.htm，2016年6月閲覧）
・みらいサポート石巻ホームページ．（http://ishinomaki-support.com/，2016年6月閲覧）
・全国災害ボランティア支援団体ネットワークホームページ（http://jvoad.jp/，2016年6月閲覧）
・熊本日日新聞：災害ボランティア，情報や課題を共有―支援充実へ連携強化，2016年6月5日掲載．（http://this.kiji.is/112018159083192323，2016年6月閲覧）

2. 支援物資をどう生かすか

(1) 食に関する支援物資の実態と課題

　被災者への食に関する支援について、ボランティアや被災者への聞き取り調査から実態を把握し、食事支援のあり方について考えていきたい。

1) 震災後の食事支援の概況

　震災直後に、日和山(ひよりやま)の石巻高等学校に避難した被災者はポテトチップスやバナナを分け合って食べ、1週間ほどしてからおにぎりやパン、水の配給を受けた。

　商品として市場に出すことはできないが十分な安全性をもった食品を、捨てずに生かすというフードバンク活動を大規模に展開していた「セカンドハーベスト」は、発災直後の2011年3月24日にはじめて冷凍パンとバナナを被災地に運搬して、物資配布会を行った。物資配布会は2012年10月末まで続けられた。支援物資は企業からのものが多く、外資系企業による支援も多かった。混乱していた被災地の負担を少しでも少なくするために支援物資の仕分けを東京で行ってから運んだ。

　活動開始当初は、石巻市役所前の広場や在宅の避難者を回っての物資の配布が中心で、住宅を回って配布の情報を拡声器で伝えていた。1か月を過ぎたゴールデンウィークの頃からは、地区ごとに定期的に配布をするようになった。10月頃までは2週間に1回の実施であったが、その後は毎週実施されるようになり、物資の配付は2012年10月頃まで続いた。

　石巻市では、炊き出しの場所などについての調整は石巻市のボランティアセンターから委嘱された「復興支援協議会」（現「みらいサポート石巻」）が行っていたが、4月中旬から10月末頃にかけては、渡波(わたのは)、鹿妻(かづま)、湊(みなと)、牡鹿(おしか)、雄勝(おがつ)、女川(おながわ)などのように物資が行きわたっていない地区もあった。発災後1か月頃までに延べ81万食もの炊き出しが行われていたので、団体や個人が個別に実施する炊き出しの把握までは困難であったと思われるが、近隣での炊き出しの重複

や，炊き出しが行きわたらない地域を減らすためにも，炊き出し支援を行う際には個別に行動するのではなく，事前に自治体やボランティアセンターなどに連絡をして，その調整に従う必要がある。

2）食品の配布方法

その後の食品の配布方法は，「セカンドハーベスト」の石巻事務所に直接取りに来てもらうことを基本として，交通手段がない人には個別配送を行うか，または地域のリーダーとして配布を手伝ってくれる人に20～30世帯分を託して必要な方に渡してもらうという3つの方法に変わっていった。さらに2013年4月頃からは，支援物資を石巻で配布するのではなく，石巻で希望者の受付を行い，東京から食品を送るシステムに変わり，ひと月に230～240世帯が利用していた。このようにその時々の要望に合わせて配布方法を工夫していった。

3）炊き出しの開始

発災時は寒い季節であったので，ボランディア団体の「JEN」は，昼ごはんだけでも暖かいところで温かいものを食べてもらえるようにとテントを建てた。テントの中で食べられるようになっていろいろな人が集まり，旧知の人に再会したり，知り合いが増えたりして情報交換ができる場となった。

「JEN」のテントでは農業法人などのボランティアが栄養バランスを考えた主菜，副菜，サラダ，フルーツという献立が提供され，「おいしい」という噂が広まると遠い避難所から食べに来る方も増えた。このことは食べる環境が献立とともに大切であることを示している。

「ピースボート」は，当初は13か所くらいの避難所で炊き出しを行っていたが，日が経つにつれて料理を一方的に提供するのではなく，避難所へ食材を持ち込んで被災者と一緒に料理を作って食べるというかたちに移行していった。これは，炊き出しが食欲を満たすということだけでなく，自立支援としての役割も担っていることを意味している。

4）炊き出しの献立

「ピースボート」から依頼されて彼らが行った炊き出しの献立を我々が分析したところ，不足しがちな野菜類を積極的に活用し，たんぱく質を含む食品で

は肉類を多く用いていたことがわかった[1]。一方で，魚類は少なく，牛乳・乳製品，果物の提供はわずかであった[1]。魚料理が少なかったのは骨があると食べにくいためで，今後魚を活用するためには骨を取り除いた切り身を利用することや，さんまのかば焼き，さばの味噌煮・水煮などの缶詰やレトルト食品のような調理加工した魚を利用した煮物や炒め物などの献立も考えられる。

　現地での調理がまだできない時期の食品の配給としてはシリアルやドライフルーツ，種実などの利用が考えられる。牛乳・乳製品の不足やその結果としてのカルシウム不足に対しては，3か月程度常温保存が可能なロングライフミルクや12か月常温保存可能なスキムミルクの活用が有効であろう。

　また，夏季や発熱時など脱水症が懸念される場合の水分補給としては電解質が補給できるスポーツ飲料などの栄養機能食品，低栄養状態あるいは褥瘡（じょくそう）などの症状があるハイリスク対象者のためにはたんぱく質，亜鉛，ビタミン類を強化した経口・経腸栄養剤などの特別用途食品の配布も考慮する必要がある。

（2）衣に関する支援物資の実情と課題

　本プロジェクトが石巻で行った多くのインタビューでは支援物資に関する問題点は浮かんでこなかった。石巻以外の市町村の中には支援物資の9割を捨てたところや他地域の教訓を生かして個人からの支援物資を受け付けない自治体が多くみられた。「石巻社協」に対する聞き取りでは，「石巻社協」に届いた支援物資のうち使用できなかったものは全体の1割程度で，なおかつ個人からの支援物資の提供も受け付けていたということで，他地域と良い意味で異なる状況であった。

　「石巻社協」では，支援の申し出に対して衣料については完全な「新品」であることをお願いしていた。これまで災害が起こった地域や海外への支援を行った経験から，被災者に「使用感」を与えるものを避けるためであった。支援物資を送るほうにとっては新品同然だと思えるものや一度も腕を通していないものであっても，被災した方が使用感を感じることもあり，また使用感の有無を被災地で仕分けることは被災地に混乱を生じさせるので新品にこだわった。

電話で支援を申し出た方の中には中古衣料の必要性を説く方もおられたということであるが，社会福祉協議会の方々は丁寧な説得を試みた。

以上のような石巻での調査を通して，衣に関する支援物資には以下のような課題があることが明らかになった。

1）中古衣料について

中古衣料で洗濯をしていないものや汚れがあるものが送られてくる場合がある。また個人が支援物資を送る場合にはサイズや数量などが不揃いとなり，被災地での仕分け作業が必要となる。さらに食品などと同一梱包にしている場合には，食品からの匂いが移る問題や衛生面から支援物資として用いることができない場合もある。以上の問題点にも配慮した，支援衣料の送り方についてのガイドラインやハンドブックの作成が必要である。

2）支援物資の保管場所と仕分け場所

支援物資は国や県，諸外国，個人，企業，NPOなどからきわめて多量に被災地に届けられる。届いた物資が必要とされるものであっても，まずは保管する場所が必要であり，物資を適切に届けるための仕分けが必要となる。災害規模が大きいほど送られてくる支援物資の量も種類も多いので，被災地周辺に中継地点を確保して，保管と仕分けのスペースを設ける必要性がある。

3）支援物資に関する情報収集と発信

必要な支援物資を必要な量，必要としている場所に届けるためには被災地側からの情報発信が重要である。現在はホームページやブログ，Facebook，Twitter，Instagramなどインターネットを介して個人レベルでの情報発信・収集も可能であるが，情報の信頼性が担保されていないことも多く，情報を受け取る側は気をつけなければならない。

東日本大震災において比較的円滑に機能したものとしては，文部科学省が開設した「東日本大震災・子どもの学び支援ポータルサイト」がある。このサイトに掲載する支援の内容には，学用品や備品，一般図書等の物的支援，教職員やスクールカウンセラー，ボランティア等の派遣という人的支援などのさまざまなメニューがあった。学校再開のために必要な机や椅子，鉛筆，ノート，部

活動のための用具の提供など学校現場等のニーズに基づいた支援が実現されており，2011年7月29日現在，このサイトを通じて，824件のマッチングが行われた[2]。

（3）柔軟な組織と民間からの発信

　石巻市における民間からの支援物資倉庫の保管場所は，石巻専修大学が野球部の室内練習所やグラウンドを倉庫や倉庫用テント用地として提供した（図2-2）。また，隣接する駐車場やグラウンドに設定した着陸場で，陸路や空路により搬入した資材を荷卸しした。管理は石巻市災害ボランティアセンター（現社会福祉協議会災害復興支援課）のもとで「復興支援協議会」が「ピースボート」をはじめとする支援団体と共同で行っていた。2011年8月頃からは「ピースボート」が夜間の管理を単独で担当した。

　2011年3月15日に，石巻市と「石巻社協」との協定および石巻市と石巻専修大学の間で3月末に締結予定であった防災協定に基づいて，石巻専修大学内に「石巻社協」が石巻災害ボランティアセンターを立ち上げた。

　3月23日には石巻市の被災情報やボランティア情報を公開するために，ボランティアセンターのサーバーが復旧するまで暫定的にNPOのサーバーでブログによって情報発信と支援者との交信を開始している。

　ブログの中でのやり取りのほとんどはボランティアに関することであるが，立ち上げて間もなくの3月29日には「物資はある程度充足しています」との記述が災害ボランティアセンターのスタッフによって書き込まれている。その後

図2-2　石巻専修大学の物資倉庫として用いられた室内練習場

ブログを通して支援物資に関する直接の書き込みは見られないが，ブログにより情報発信をしたことによって，その後の支援物資に関する情報交換の環境づくりを行っていたことがうかがえる。

石巻には最も多い月で26,222名にも上るボランティア，最大で100団体以上が集まったことが知られているが，その多くは石巻専修大学の学内にテントを張って宿泊していた。石巻専修大学に災害ボランティアセンターとボランティアが集結していたので，石巻市や警察，消防，自衛隊なども出席して「石巻社協」と「復興支援協議会」，ボランティア，NPO団体の代表による会議が石巻専修大学で毎日行われ，それぞれの活動内容や活動地域の調整，避難所の情報交換が可能であった。この毎日の情報交換によって，必要なものを必要なところへ届ける努力が大学，行政，社協，ボランティアの緩やかな連携のもとに日々行われ，支援物資に関する多くの課題を解決へと導いたと考えられる。

引用文献

1) 奥山みどりほか：東日本大震災におけるボランティアによる炊き出しメニューの栄養評価からみた食品及び料理提案の試み，日本家政学会誌，2015；66(4)；158-166.
2) 文部科学省：東日本大震災への対応，2013．(http://www.mext.go.jp/b_menu/hakusho/html/hpab201001/detail/1312138.htm，2016年8月閲覧)

3. 楽しみの共有—手芸や料理を通して

（1）生活教室の活動

　2011年の本プロジェクトの開始当初から行ってきた被災住民を対象とした生活教室では，手芸と料理という2本の柱を立てていた。被災した方々への一方的なインタビューによって直接話をうかがうのではなく，日常生活で少しでも気を紛らわせ，楽しみを見出していただくとともに，被災者と研究者がともに手を動かしながら被災者のお話を聞かせていただくために，被災者と研究メンバーが一緒に行う教室とした。

　被災者に生きがいや趣味・娯楽，被災者同士の交流，伝統文化の継承，生活と心のゆとりがもたらされ，さらに健康や食生活についての正しい知識を身につけていただくことを考えたのである。

　応急仮設住宅の集会所をお借りして始まった手芸教室では，さまざまな年代の女性が中心となって，手を動かし，作品を仕上げる中で被災状況や生活への思いを語るようになった。ボランティアの若い男女も参加して，ともに身の回りの手芸を行うことで，単なる支援とは異なる雰囲気が生まれてきた。

　手芸材料を用意してそれぞれの作品を仕上げながら，色や模様の好みや仕上がりのようすなどを比べながら，ひとしきり話に花が咲いたものである。参加者は夢中になって作品を仕上げることで，辛い思い出を忘れられるといい，一緒に製作をする中で，しだいに被災のようすを語ってくださるようになった。

　料理教室では「伝統的な郷土料理でどの家庭でも調理されているものを取りあげ一緒に料理して味わう」ということを目的とした。仮設住宅では郷土料理を作る機会があまりなかったようで，それぞれの家庭の作り方や味付けを比較しながら料理することが気分転換になったようである。高齢の方が多かったせいか，郷土の料理についての思い出が話され，最近作らなくなっていたができれば作っていきたい，季節ごとの料理を地域の食材を使って一緒に作りたい，

という声も聞かれた。
　また，参加者を広げるために親子料理教室を開催した。ここでは簡単なおやつを作ったが，年齢を越えた交流があったことは大きな成果であった。また，石巻の大学生たちに郷土料理を知ってもらうために，年配の仮設住宅住民を講師として招くという企画も行った。さらに，特産のわかめを使った創作グランプリを行って，わかめ生産者や地元の割烹店主，教育関係者も含めた地域の方々との連携による新たな活動がなされた。このように料理教室を通してさまざまな地域の方々との交流が広がった。
　手芸や料理といった日常の生活の中で必要ではあるがあまり重きを置かれていなかったり，目の前のことに追われて十分に考えて行うことができなかったりしたことについて，本プロジェクトがかかわることによって住民が再び生きがいを見出し，地域の人々の交流がなされ，心のゆとりを感じることができるならば，この活動の意味はあったと考える。
　さらに，手芸や料理の教室，さらにはわかめ料理創作グランプリなどの活動の間に，参加者の方々から，調査者と被調査者という一方的な関係では出てこなかったかもしれない話をうかがうことができた。こうした話や，活動の過程でできた地域の人々とのつながりは，本プロジェクトが次の段階に進む時の重要な資源となっている。

（2）手芸教室から生活支援へ

　2012年6月から12月まで手芸教室を8回行ってきたが[1]，2013年11月にはクリスマスに因んだ壁飾りであるクリスマスツリーのタペストリーと雪だるまの布巾の製作を行った。いずれも季節感のある作品で参加者には好評であった。
　これまでの手芸教室では，震災のつらい思い出を一時忘れられる，仲間ができて手を動かしながらおしゃべりができる，といった声が多く，仮設住宅というそれまでの生活とは異なった環境での生きがいや楽しみといった要素を見出すことができた。しかし，このような手芸教室のあり方について，今後どのようなかたちで継続すべきか，考えていくことが必要であると思われた。

1）製作・販売を目指す特定非営利活動法人へのインタビュー

　石巻を中心に活動を行っている特定非営利活動法人応援のしっぽ（以下「応援のしっぽ」）は，2011年10月に小規模社会活動団体への運営支援事業を目指して立ち上げられたものである。東日本大震災における被災地活動団体への運営支援として，情報発信，助成金申請助言，募金，商品開発・販路開拓，ボランティアマッチング，ネットワーキングを通した，それぞれの社会活動団体の活動支援や商品の品質向上に向けてのアドバイス，製作技術の指導などを行っている。被災地応援プロジェクトとして「応援のしっぽ」が立ち上げたウェブサイト「応援もなか」は，単に被災地でつくられた商品ということではなく，石巻の特性を生かしたデザインで，作品自体の価値のために販売できる商品を紹介している。参加団体には被災地で活動し，小規模で商品を手作りしていることが求められ，運営事務局の審査によって参加承認がなされている。現在，参加団体の商品の通信販売もしており，付加価値のある商品が各参加団体から提供されている。

　インタビューでは，今後も活動を長く続けるためには商品のデザインや製作技術の指導が必要であり，企業からの指導で付加価値のある商品を生み出すことも重要であるが，どこまで団体がその要求に応えることができるかが鍵となるということが述べられた。また，単に企業の商品を受注するということでは，他の地域で行っても同じであり，労働力の提供にしかならないという問題も挙げられた。その土地の歴史を踏まえた商品であることの意味を問い直し，石巻の生活文化を掘り起こすことが必要だといえよう。そして，これらの活動が生活の自立に向けて何らかの役割をもっていくことも望ましいのではないだろうか。

　「応援のしっぽ」へのインタビューを通して，日本家政学会としても商品のデザインや価値を高めること，技術指導についてのアドバイスができると考えられた。今後の協力体制をつくることが必要であろう。ちなみに「応援のしっぽ」は2016年3月にNPO法人日本トルコ文化交流会主催の「日本復興の光大賞」の特別賞を受賞した。

2）生活支援の一環として

特定非営利活動法人ベビースマイル石巻（以下「ベビースマイル石巻」）は，震災直後の2011年3月に子育て中の母親同士が集まって，子育て支援に関する事業と親子の震災ケアを目的に活動を始めた。その活動の中で本プロジェクトの手芸教室にも積極的に参加し，その後もグループのメンバーが教えあって組紐作成に挑戦して製作を行っていた。手芸教室の講師をしていただいた組紐作家多田牧子氏の指導と協力によって，日本政府観光局から国際会議開催に伴う被災地支援として，組紐での名札ストラップ50本の作成が委託された。2014年3月，"Meet Japan 2014" の会場において，英文の説明が入った名札とストラップが配られ，この取り組みに対して海外の参加者からは賛同の声があがり，全員が記念に組紐ストラップを持って帰られたそうである。

「ベビースマイル石巻」は，2015年11月に子ども若者育成・子育て支援功労者として内閣総理大臣表彰を受けたのをはじめとして，「母子保健推進会議」や「明日の日本を創る協会」，「東松島市社会福祉協議会」などからの表彰を受け，積極的に活動を継続している。

このように，本プロジェクトの活動では単に趣味や慰めとしての手芸教室を指導するのではなく，支援活動を継続している団体との連携が必要であり，さらに生活の自立支援の一環として，被災者と継続的なかかわりをもつことが求

図2-3　手芸教室のようす

図2-4　英文のエピソードを入れた組紐ストラップ
("Meet Japan 2014" より)

められている。

3）今後の課題

　これまで継続的に調査を行った結果，被災地の支援はその時期によって変化してきていることが明らかとなった。震災から5年を経過したことによって，趣味的な興味や気晴らし，仲間づくりとしての活動から，より積極的な生活支援の方向にも目を向けていくことが必要である。これまで行ってきた手芸や手作りの活動は，被災者の生活環境の変化からすでに必要性がなくなってきているものもあることは明らかである。しかし，地域やそこに生活する人々の特性を捉えて，それぞれ必要とされる支援を掘り起こし，長いスパンでの協力が求められるのではないだろうか。例えば，高齢者が多く集まっている地域ではコミュニケーションの機会を提供することが大切であるし，比較的年齢の若い方は生活再建の一助としてわずかでも収入が得られる仕事につながっていくことを求めることもあるだろう。地域の人々との交流を通して，さまざまな生活支援を行っていくことがこれからも必要となるのではないだろうか。

（3）被災者による郷土料理教室

　2011年に本プロジェクトが始まってから，料理教室や手芸教室など，仮設住宅住民を対象としたプログラムが複数行われた。郷土料理教室もそのうちの一つで，その目的として挙げたのが次の3点である。

［郷土料理教室の目的］

① 郷土料理の伝承

② 宮城の特産物・郷土料理に興味をもち，郷土を愛するきっかけをつくる

③ コミュニケーションの場

　2012年3月と10月の2回，応急仮設住宅の集会所にて郷土料理教室を行ったが，参加者の9割以上が60～80歳代で，すでに郷土料理を知っているか作ったことのある方たちだったため，目的①「郷土料理の伝承」には馴染まなかった。しかし，参加者からは「みんなで一緒に作って食べることが楽しい」といった声が上がるなど，目的③「コミュニケーションの場」としては成功したと

いえる。また，郷土料理を作る際には料理のエピソードを語る姿が多くみられ，郷土の食について愛着をもっているようすがうかがえた。課題としては異なる年齢層間の交流がなかったことと，「郷土料理の伝承」が成されなかったことがあり，若年者の参加を促すプログラムが必要であると考えられた[2]。そこで，新たな形での郷土料理教室を企画した。

1）第3回郷土料理教室

第3回郷土料理教室では，過去2回の経験をもとにして実施体制を変更した（図2-5）。過去2回では本プロジェクトメンバーが講師となり，仮設住宅住民に対して郷土料理を教えていたが，これからは郷土料理をよく知る仮設住宅住民を講師に招いて，若年者（大学生）に郷土料理を指導・伝承することにしたのである。この体制によって，「郷土料理の伝承」や「異なる年齢層間のコミュニケーション」，「仮設住宅住民のやりがい・充実感」の達成が望めると考えた。

新体制での郷土料理教室のテーマは「繋げていこう宮城の味―石巻の正月料理を作ろう」とし，講師役となる仮設住宅住民4名と話し合った結果，お雑煮（ハゼだし），ひき煮しめ，柿なますの3品を取り上げることとした（図2-6）。

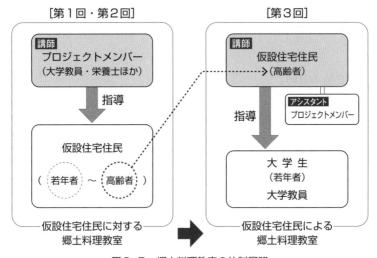

図2-5　郷土料理教室の体制展開

3．楽しみの共有―手芸や料理を通して

図2-6　石巻の正月料理

図2-7　ひき菜

　石巻のお雑煮は地域や家庭によって異なり，だしは焼きハゼ，焼きハモ（あなご），ほや，鶏などさまざまだが，その中で今回焼きハゼを選んだのは，「昔は焼きハゼを使っていたが，最近では焼きハゼが高価で買えず，鶏を使うようになった」という声を複数聞いたからである。宮城県のお雑煮で特徴的な「ひき菜」も「郷土料理の伝承」には欠かせないと考えた（図2-7）。また，柿なますは家庭で作った干し柿を用いた料理として，正月によく食べられるということであった。

　料理教室当日までの流れを図2-8に示した。当初，材料や作り方のレシピづくりは講師役からの聞き取りをもとに行う予定であったが，ふだんは目分量で調理を行う方が多く分量が曖昧だったため，講師役と事前実習を実施した。この時に撮影した動画をもとに調味料の分量や調理手順などをレシピ化し，当日の配布資料とした。また，今回の料理教室は

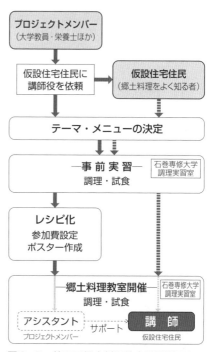

図2-8　第3回郷土料理教室開催当日までの流れ

石巻専修大学の調理実習室で行ったが，事前実習でも同じ場所を使えたことで，IH調理器（電磁調理器）に馴染みのない仮設住宅住民にとってはよい予行練習の場になったと思われる。郷土料理教室のポスターを石巻専修大学の学内に掲示していただき，参加者を募った。準備まではプロジェクトメンバーがリードしたが，料理教室当日は講師役の仮設住宅住民のサポートに徹した。

郷土料理教室への大学生の参加者は10名（男性5名，女性5名）で，1グループを仮設住宅住民（講師役）1名，大学生・大学教員（生徒）2～3名，プロジェクトメンバー（アシスタント）1名の4～5名として，4グループ編成で

```
第3回  郷土料理教室
  テーマ    「石巻の正月料理」
  メニュー  お雑煮（ハゼだし），ひき煮しめ，柿なます
  日  時   2013年12月22日（日）  12：30～15：00
  場  所   石巻専修大学  調理実習室
  参加費   500円（材料費）
  主  催   （一社）日本家政学会，石巻専修大学復興共生プロジェクト

  参加人数  仮設住宅住民（講師）    4名 ┐ 1グループあたり
            大学生（生徒）         10名 │ 講師1名，大学生2～3名，
            大学教員（生徒）        1名 ┘ プロジェクトメンバー1名
            プロジェクトメンバー    4名
            学生スタッフ           1名  …… 補助，記録係
```

図2-9　第3回郷土料理教室の概要

図2-10　料理教室のようす

行った（図2-9）。最初は緊張した表情が仮設住宅住民と大学生両方から見受けられたが，調理が進むにつれて見慣れない材料について質問する大学生や，震災前の話や料理のエピソードを話す仮設住宅住民の姿がみられ，和やかな雰囲気のまま調理が進み（図2-10），試食となった。

2）アンケート結果・感想

料理教室終了後に行ったアンケート（表2-5）によると，参加動機は「興味があった」，「時間があった」が多く（各5名），大学生の郷土料理に対する興味がうかがえた。作った料理の認知度は，3品とも参加者の半数以上が「知らなかった」と答えており，「郷土料理の伝承」という料理教室の目的は達成されたといえる。また，この料理を誰に伝えたいかという質問に対しては，「家

表2-5　アンケート結果（回答者：大学生10名）

1．出身地		4．今回の料理を知っていたか	
石巻市	2	［お雑煮（ハゼだし）］	
宮城県（石巻市以外）	2	知っていた	1
岩手県	2	聞いたことがある程度	3
秋田県	1	知らなかった	6
山形県	1	［ひき煮しめ］	
福島県	1	知っていた	4
新潟県	1	聞いたことがある程度	1
2．参加動機（複数回答）		知らなかった	5
気分転換	3	［柿なます］	
興味があった	5	知っていた	0
時間があった	5	聞いたことがある程度	3
好きな料理だった	0	知らなかった	7
その他	1	5．今回の料理を誰に伝えたいか（自由記述）	
3．料理教室の感想		家族	3
楽しかった	10	親	2
あまり楽しくなかった	0	祖父母	1
どちらでもない	0	知り合い	1
		まわりの同年代の人たち	1
		この料理を知らない人たち	1
6．印象に残っていること，感想など（自由記述・抜粋）			
・石巻のお雑煮は他の地域と比べて具が多いことがわかった			
・お雑煮が自分が食べているものとまったく異なっていた			
・初めて食べた"からとり"が思いのほか美味しかった			
・教えていただいた先生がとても面白い方でした			
・先生がとっても元気で笑顔が絶えず，とても楽しい充実した時間を過ごせた			

族・親・祖父母」が半数以上を占めたが，これは"正月"が家族で迎える行事としての印象が強いためかもしれない。

　印象に残ったこと，感想（自由記述）では，初めて食べる石巻のお雑煮を自分の家のものと比較したものや，地域食材である「からとり（ずいき）」を初めて知ったというもの，講師役の仮設住宅住民に対する好意的な感想が複数書かれており，全員が料理教室は「楽しかった」と答えたことからも，新たな体制で臨んだ郷土料理教室は成功したといえる。

　また，講師役として参加した仮設住宅住民からは，次のような声が聞かれた。
○始まるまでは緊張したけど，やりがいを感じた。
○仮設住宅に移ってからは「自分で作る」「誰かに作ってあげる」ということが少なくなったので，今日は楽しかった。
○自分たちが大事にしてきた郷土料理を「誰かに伝える」ことができて嬉しかった。
○仮設住宅の狭いキッチンでは作れないので，広くて調理設備の整った場所（調理実習室）で作れて楽しかった。

　郷土料理に対する愛着と，それを誰かに伝えることができた喜び，やりがい，仮設住宅では調理に制限があること等がうかがえ，仮設住宅住民を講師役として迎えた今回の体制は，仮設住宅住民と大学生の双方にとって有意義なものであったと考えられる。

3）今後の課題

　新体制での郷土料理教室は参加者（仮設住宅住民，大学生）から好評であったが，いくつかの課題が残っている。目的の一つであった「郷土料理の伝承」は，参加者間（仮設住宅住民 → 大学生）では達成できたものの，そこで止まってしまっては広い意味での伝承にはならない。SNSに料理画像を投稿したり，配布したレシピを以降も活用するなど，参加した大学生が他の人たち（家族，友人など）に伝える手段はいくつもあるが，それを大学生が自発的に行う意識付けが必要であるように感じる。

　もう一つの課題としては，料理教室の運営方法が挙げられる。今回は初回で

あったこともありプロジェクトメンバーが準備まではリードして行ったが，今後は地域の中で（プロジェクトメンバーの介入なしに）運営できるようになることが理想的である。大学生や地域住民と協力して企画や資料づくり，食材の発注などを行う組織ができれば，料理教室の実施頻度が増えて，「郷土料理の伝承」や「コミュニケーションの場」として有効に働くであろう。

（4）地域住民が提案する，特産物「わかめ」の可能性
1）石巻わかめ料理創作グランプリ

これまで本プロジェクトの"食"に関する活動は，3回の郷土料理教室であったが，2014年10月に初の試みとして「石巻わかめ料理創作グランプリ」を行った。このグランプリでは今まで以上に「地域（地元）との連携」を意識して，応募資格を「石巻圏内在住または通学・通勤の方」とし，さまざまな地域組織に協賛や後援をお願いした（図2-11）。グランプリ開催の目的は以下の通りである。

[石巻わかめ料理創作グランプリの目的]
① 石巻の特産物・わかめを生かした料理の提案
② 特産物に興味，愛着，誇りをもってもらう
③ 地元住民のコミュニケーションの場をつくる

　石巻わかめ料理創作グランプリには小学生から主婦まで幅広い年齢層の34組

石巻わかめ料理創作グランプリ（1人分500円以内）

テーマ	「石巻の新名物となるような創作わかめ料理」
応募資格	石巻圏内在住または通学・通勤の方（プロ・アマ問わず）
主　催	（一社）日本家政学会，石巻専修大学
共　催	NPO法人ラブギャザリング
協　賛	宮城漁業協同組合石巻北上町十三浜支所
後　援	石巻市，宮城県東部地方振興事務所，石巻観光協会，石巻料理店組合，石巻市教育委員会，東松島市教育委員会，女川町教育委員会

図2-11　石巻わかめ料理創作グランプリの概要

から応募があり，一次審査（書類）を通過した12組のうち10組が二次審査（調理・試食）に参加した。二次審査は石巻専修大学の調理実習室で行った。各組1時間以内に4名分の料理を作り，7名の審査員が「わかめの特性」や「外観」，「おいしさ」，「独創性」，「汎用性」の点から審査して，グランプリ1組と奨励賞5組を選出した。なお，二次審査は大学祭と同時開催されたので，審査員に石鳳祭実行委員が含まれている（図2-12）。

調理中は，実習室備え付けのIH調理器やオーブンの使い方に苦戦する参加

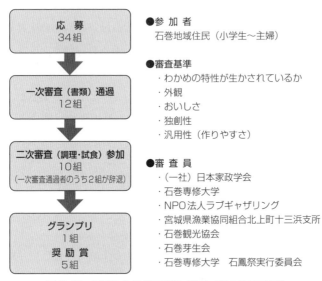

図2-12 石巻わかめ料理創作グランプリ審査の流れ

図2-13 二次審査（調理）のようす

者がいた一方で，自宅から卓上ガスコンロや使い慣れたオーブンを持ち込んだ参加者もおり，事前に調理会場となる実習室の設備を参加者に知らせる必要性を感じた。しかし，今回は参加者とほぼ同数の応援の方々（家族，学校の先生など）も入室したことから，終始明るく楽しそうな声が響き，参加者もリラックスしたようすで調理しているように見受けられた。また，料理を盛り付ける器を持参する参加者も多く，見た目よく仕上げる意識の高さも感じられた。

参加者に料理のこだわりやグランプリの感想を聞いたところ，「わかめ以外にも宮城県産の材料にこだわった」，「宮城県の郷土料理にわかめを取り入れた」といった"地元の食"を意識したという声や，「わかめの新たな活用法を知り，興味をもった」という感想が聞かれた。

図2-14　グランプリ受賞作品（プリプリわかめのほやキムチ漬け丼　わかめエキス添え）

図2-15　奨励賞受賞作品（一部）　（左：十三浜わかめのチーズボール～海と田んぼのコラボパン～，右：わかめと大根おろしの和風パスタ）

2）小冊子の作成

石巻わかめ料理創作グランプリの結果報告として，グランプリ1点，奨励賞5点のレシピを掲載した小冊子を作成し（図2-16），石巻圏域の漁業組合や観光協会，料理店組合，高校などに配布した。石巻の特産物であるわかめの認知度の向上およびわかめの消費促進，新たな調理法の情報発信の一端となれば光栄である。

3）石巻わかめ料理創作グランプリを終えて

本プロジェクト初の試みとなった「石巻わかめ料理創作グランプリ」は地元

94　第2章　生活再建から復興へ～支援を糧に

図2-16　石巻わかめ料理創作グランプリ小冊子

の新聞（Web版含む）にも取り上げられ，住民が地域に特産物・わかめの新たな活用法を提案する場として成功を収めた。また，運営や審査に地域関係者（生産者，飲食業，教育，観光）が携わったことで，地域全体が連携して"地元の食"にかかわる機会となった。参加者からは地元の食材や料理に対する興味や愛着も感じられ，意見交換しながら試食する姿も印象的であった。誰にとっても身近な「食」は，日常生活ではあまり接点のない者同士をもつなげるきっかけとなりうることや，「食」を中心とした地域連携（住民，生産者，飲食・加工・観光業者，教育関係者）が特産物の新たな活用法や商品化などの可能性を広げ，地域の活性化につながることが示されたように感じた。

引用文献

1） 久慈るみ子：生活支援活動としての手芸教室．東日本大震災　ボランティアによる支援と仮設住宅―家政学が見守る石巻の2年半―（日本家政学会東日本大震災生活研究プロジェクト編），建帛社，pp. 102-103，2014.
2） 前掲書1），野田奈津実：生活支援活動としての料理教室，pp. 97-101.

第3章 将来を担う子どもたちに夢を託して

　本章では震災発災から調査時における学校現場の状況や対応，生徒の実態等を把握するために，教員および高校生を対象に実施したインタビュー調査の結果をまとめ，震災による影響や今後の課題について考察する。

　教員対象の調査を2013年8月～2015年8月に小・中・高等学校および特別支援学校10校の校長，教頭，教諭10名に実施したが，震災発災以降を4つの時期に分けて結果をまとめた。今後の課題としては，発災直後の混乱時における子どもたちへの適切な対応や「想定外」のことをも意識した避難訓練の実施や避難マニュアルの見直し，避難所指定されていない学校における避難生活を可能にするための準備，子どもたちの長期的な心身のケアなどがある。

　高校生（震災当時中学生）対象の調査は，2013年12月～2014年3月に石巻西高等学校で実施し，震災時のようす，避難状況，現在の生活課題と思考，震災後の地域での活動，将来の生活設計等についてインタビューを行った。本稿で取り上げた生徒8名は，いずれも避難所生活者や仮設住宅に暮らす子どもたちへの支援活動，県外の人たちへの語り継ぎなどを積極的に行っていた。生徒にとって東日本大震災の体験や経験はその後の思考や行動に影響を及ぼしていることが捉えられたが，つらい震災体験も，また震災後の彼ら自身による支援活動などの経験すべてが今後の地域の復興のために大きな力になるであろう。

1. 被災した学校の教員が取り組んだ仕事と今後の課題

(1) 学校の被害状況

　東日本大震災では多くの学校が被害にあった。全被災地の学校関連の施設で659名の方が亡くなり、その中でも本プロジェクトが対象とする宮城県では460名もの方が亡くなった（表3-1）。校舎や体育館の倒壊や半壊、津波による流出、水没、浸水、地盤沈下、校庭の段差や亀裂、外壁・天井の落下、外壁亀裂、ガラス破損などの物的被害も多く、1万2千以上もの学校関連施設が被害にあった。

　避難先となった学校はピーク時（2011年3月17日）で622校にもなり、宮城県では半数にあたる学校が避難先になった。約3か月後の6月になっても、まだ132校が避難所として使用されていた（表3-2）。すべての学校避難所が解消されたのは2011年11月下旬で、今回の震災では多くの学校が避難所になり、かつ長期間にわたって避難所として使用されていたことがわかる。

表3-1　教育機関の人的被害状況　　　　　　　　　　（単位：人）

都道府県	国立学校		公立学校		私立学校		社会教育・体育,文化等および独立行政法人		合　計	
	死亡	負傷	死亡	負傷	死亡	負傷	死亡	負傷	死亡	負傷
岩　手	1		84	15	21	18	4	2	110	35
宮　城	8	2	348	27	104	14		1	460	44
福　島	1		75	6	11	9		2	87	17
その他		8		67	2	84		7	2	166
計	10	10	507	115	138	125	4	12	659	262
合　計	20		622		263		15		921	
内　訳	大　9　10 高専 1		幼　8　　1 小 223　42 中 105　53 高 158　11 大　2　　5 特別 10　3		幼　80　2 高　8　5 中等 1　83 大　42　35 短大 3 専門 4		社教 3　5 社体 1　6 独法　　1			

2012年9月13日現在で文部科学省が把握できたもの。
資料）文部科学省：東日本大震災による被害情報について（第208報），2012．

表3-2 避難先となった学校数

ピーク時（2011年3月17日）の状況

岩手県	宮城県	福島県	茨城県	その他(1都6県)	合計
64	310	149	75	24	622[*1]

2011年6月1日の状況

岩手県	宮城県	福島県	合計
37	76	19	132[*2]

[*1] 内訳：幼7，小336，中168，高86，中等1，特支6，大学15，短大1，高専2
[*2] 内訳：小75，中43，高12，特支1，高専1
資料）文部科学省：東日本大震災における学校施設の被害状況等　平成23年6月8日，2011.

（2）被災した学校教員が置かれた状況

　ここからは小学校，中学校，高等学校，特別支援学校の先生方に伺った話をもとにして，被災した学校の教員が取り組んだ仕事とその課題について整理する。なお，カッコ内は震災当時の職務・職位を示している。

1）震災直後のようす

　震災が起こった2011年3月11日は平日の金曜日であったが，年度末ということで多くの学校が通常とは異なる状況であった。「部活に来てる子くらいしかいなかった（高校教員）」，「そのときは校長が不在で，地震が来たときは私と教務（担当の先生）が職員室にいた状態で，もう倒れてくる戸棚なんかを押さえながら……（小学校教頭）」，「中学校の卒業式だったんです（中学校校長）」と述べられているように，いつもとは違う状況であった。卒業式や短縮授業を実施していた学校や，クラブ活動を行っている生徒以外は下校している学校もあった。通常の授業時でなかったことから管理職が不在であった学校もあり，必ずしも生徒らが教室で授業を受けているような，多くの場合避難訓練で想定される通常の生活時に震災が起こるわけではないことを改めて考えさせられた。

　さまざまな「想定外」のことがあった。「地震が起きて，地震と津波に襲われて，その後火災によって全焼した（小学校校長）」という学校もあったように，大津波は多くの「想定外」の被害者を生んだ。ほかにも「すでに放送機器は使

えない状態（小学校校長）」であり，災害時用の無線ラジオが使えなかったり，指定避難所とされていなかった学校へも多くの地域の方が避難されてきたりした。津波によって職員室がすべて流され，生徒の名簿などを失った学校もあった。

　学校にいたほとんどの教員が生徒らの安全を確保するために学校内にいた生徒らの確認をし，校庭等への避難指示を行った。しかし，発災後すぐに多くの近隣住民が避難してきたことから，一時混乱状態にあったこともうかがえる。「校庭へ一次避難，山へ二次避難，三つ目には神社へ避難して児童を保護者へ引渡し，四つ目は高校への避難（小学校校長）」をした。子どもを迎えにくる保護者もおり，名簿などが十分にないままで，地域の方に対しても適切な避難指示を強いられる教員の負担が明らかになった。

　加えて，指定避難所でなかった学校においても「着の身着のまま住民の方が20名くらい，こちらに近い方が逃げてきたんです（小学校校長）」，「うちの学校は避難所指定されていなかったのですが，近くの住民の方々が避難してこられました（特別支援学校教員）」というように，「学校に行けばなんとかなる」と考える地域住民も多く，混乱期においては学校が地域の避難先として認識されていたことがわかる。

　生徒だけでなく，地域住民の安全も確保しなければならず，高齢者であれば生徒とともに避難することが難しい事例もあり，「若い先生は90代の方をおぶって，用務員さんは2歳の子を抱っこし，一生懸命登ったんです（小学校校長）」とあるように，教職員が住民の方をおぶったり，助けたりすることもあった。地域住民に対応する役割は教員らに大きな精神的・身体的負担を与えた。

　さらに，教職員の判断が結果として避難者の生命を左右した例もあって，教職員が非難の対象となり，責任を追及された事例もあった。混乱した場所で，十分な情報もないままに，適切な判断や指示を求められる教職員らの負担は大きかった。多くの生命を救ったケースであっても，その場に臨んだ教職員は多くの想定外の事態の中で行動選択をしなければならず，教職員の判断だけでは限界があったこともうかがえた。

2）避難直後から数日間のようす

　校舎の下の階が流されたり津波で流されたりした物が多かったために，食料や水がないまま避難者を受け入れざるを得なかった学校や，指定避難所ではなかったが，地域の方が大勢避難されてきたために避難所として開放するしかなかった学校が避難所として運営された例が多い。発災直後から数日間は，教職員が持っていたお菓子などを分けあって食料にするなど，生徒らの安否確認と同時に避難所としての運営を教職員がしなければならなかった。

　「（発災当日の）夜くらいからちょっと，名簿つくんなきゃ駄目だっつって，来てる人（避難している人）とかの名簿作り始まったんですけど，どんどん人が来ては入れ違い，我々も名簿の作り方が雑だったので，本当にこう，普通の紙に，その部屋にいる人の名前書いてくださいって，もう本当に名前が書かれているだけで。で，探し方も要するに，結局聞かれても，そこの名簿を見たところで，あいうえお順に並んでいるわけでもないので。さらに，家族が気になって黙って出ていく人もいるので，出入りが激しく，一晩中，ずうっとやり取りしていました（高校教員）」

　児童・生徒の安否確認については名簿が流されてしまった学校も多く，結局電話やクチコミの情報に頼った。携帯電話を保護者との連絡には使ってはいけないとしている学校も多いが，クラブ活動の連絡等で保護者との連絡を携帯電話に頼っていた教員も多く，そのことが被災後は役立ったようだ。「携帯電話に入っている（部活関係でつながっている）保護者に連絡し，そこからさらに保護者らのネットワークとつながって，生徒らの状況を知ることができた（中学校校長）」と答える教員が多くいた。

　また，学校の電話が復旧していない中でも生徒らの安否確認を行う必要があり，「ほとんど（教職員）全員が自分の携帯電話を使って（安否確認）やりましたね（中学校校長）」というように，自費負担で生徒らの安否確認を行った。中にはひと月の請求が6万円以上にもなった教員もおり，金銭的な負担は少なくなかったと推測できる。後に宮城県から費用弁済を受けられる提案もあったようだが，その書類は煩雑かつ膨大で，そのような負担を考えて誰も費用弁済の

申請をしなかったと，ある校長は述べている。そして，児童生徒の安否確認を行う中で生徒の訃報を聞くこともあり，その時が辛かったと話す教員もいた。

ほとんどの教職員が被災者であった。家族や親戚を亡くしたり，まだ連絡が取れていなかったり，会えていなかったりした例も多くあり，自宅へ2か月間も帰れなかった，自宅が流されて帰る家がなかったという教員も避難所を運営する側にならざるを得なかった。

その中で，地域の方の協力があったことが避難所の準備や運営をするうえで重要であったといえる。震災前から地域の方との交流があった学校では，日常の顔が見える関係が災害時に役立った。地域の方が協力的に動いてくださったり，ケアの必要な子どもたちの支えになってくれたりした。また，避難所運営にかかわってもらえて，学校再開に向けて市役所に掛け合ってくれるなどの動きもみられた。学校の教職員が主体となって避難所運営をしようとしたことが，ある程度の秩序を保ちながら地域の方との協力体制をもって運営できたことにつながったと評価する教員もいた。

3）学校再開に向けての準備と支援

発災から数日が過ぎ，救援物資等が届き始める頃には，授業活動再開への準備が行われた。「兵庫県から震災・学校支援チーム（EARTH）が来て，不十分な状態でも学校を再開したほうが良い（中学校校長）」と助言を受けた教職員らが授業活動の再開へ向け準備をし始めた。EARTHは2016年に発生した熊本の震災でもチームを派遣して助言や支援活動を行っており，阪神・淡路大震災が生んだ教職員の支援チームが，その後の大きな震災での教職員を支えた。

EARTHの助言を受けた教職員は授業再開の準備やクラブ活動を再開し，教育活動ができる場所を確保したりすることに奔走した。教材や制服がすべて流された学校もあったが，卒業生や企業からの寄付で準備をすることができた。また，学校の教室が避難所になっていた場合もあったが，学校に避難している地域の方が協力してくださって，教室を空けてくれたり，別の場所へ移動できるように役場に掛け合ってくれたりした。ある中学校の校長先生は「避難者である地域の方と普段かかわっていたことが学校再開時にとても役立った」と振

り返っていた。

4）学校再開後のようす

　学校を再開できたのは4月に入ってからで，4月9日に始業式を迎えた学校もあった。あれほどの大きな震災に遭って，4月9日という時期に学校を再開できたのには，EARTHという，被災経験をもつ地域からの同じ教職員という立場の支援チームの存在が大きい。一方で，「先生たちの中にも，避難所があって避難している方がいるのに，テニスをするってどういうことなんだっていうところもあったりするわけです（高校教員）」と，学校が避難所になっている状況の中で学校を再開することに対しての批判もあった。

　しかし，一日でも早く子どもたちに通常の生活を取り戻してあげたいという子どもたちへの思いやりが，自分自身も被災している教職員の力になったといえる。ほとんどの教職員が児童・生徒たちのようすが気になったと答えていた。精神的な不安があったり，住まいが変わり，車などでの送迎のために運動不足になった子どもがいたり，仮設住宅での暮らしのために家庭学習が難しい子どもが出てきたことなどである。

　特に，子どもたちのほとんどが家族や親戚を亡くしており，さらに自宅や近隣地域を津波で流されていることなどから，子どもたちの当時のようすや今後のようすを気遣う発言が多くきかれた。教職員は児童・生徒の心のケアに気を配り，震災の話題を出さないようにしたり，児童・生徒の話には耳を傾けるなどの気遣いをしたり，保護者を亡くしながらも普段通りにふるまう生徒らを気遣った。

（3）今後必要とされること

1）災害時の教職員への負担の軽減

　学校が被災した教員への聞き取りから，発災直後の混乱の中での児童・生徒への適切な避難指示が必要であったことがわかった。また，この「適切な指示」が非常に困難で，「適切だった」か「不適切だった」かが運によって左右される可能性もうかがえた。

子どもたちや地域の方々のために行った震災時の行動と判断が「正しい判断だったのか」と後に批判されることも多く，震災という混乱した中でとっさにとった教職員の判断に責任が伴い，教職員に精神的・身体的な負担を強いていることがわかる。
　震災後しばらく経ってから話すと，被災地である宮城県内の教職員同士であっても震災に対する認識に違和感を覚えることがあったという。被害の大きかった学校の教職員と比較的小さかった学校の教職員との間には，震災後の混乱や避難等の経験に大きな差がある。これから続く震災後の教育活動の中で教職員同士の精神的距離が縮まるかが課題である。その中でも，避難訓練などで日々の状況を緊張した状態で判断する訓練は必要であり，多くの「想定外」を予想した避難訓練を重ねることが大切であろう。
　ある教員は「我々教員が運営して割とうまくいったのも，トータルの力の問題で，知識として防災のことを知っておくことは重要なことなんでしょうけれども，そこばっかりに特化しても，それでいいのかな，って……。実際，何が起こるかわからないので，どういう場合でもある程度対応できる人間っていうのを作っていくべきだろうと思います（高校教員）」と話した。つまり，普段の避難訓練を重ねたうえで，想定外の事態に対しても対応していける人間を育てていく必要があるということである。
　地域住民にとって学校施設が緊急避難場所の役割を果たすことが多かったことも忘れてはいけない。今回の震災では指定避難所でなくても多くの地域の方が学校に避難されてきた実態が明らかになった。東日本大震災のような長期化する避難所運営では，教職員自身も被災者でありながら避難所運営に深くかかわる実態が明らかになった。すなわち，学校内の避難所の運営と教育環境の保持，児童・生徒のケアといった重層的な負担が教職員にかかることが明らかになった。

2）新しいルール作り

　それでは，今後どのようなことが必要なのだろうか。インタビューの中から出てきたのは「新しいルール作り」が必要だということだった。従来の避難マ

ニュアルや行動の手引きでは，続々とやってくる避難者を受け入れながらの発災直後の混乱を乗り切ることが難しい。

「これまでは，子どもたちを迎えにきた保護者に，引き渡すってのが当たり前だったんですが，場合によっては子どもを引き渡さないで保護者も一緒に避難する（させる）ということも必要（小学校管理職）」だという声が複数あった。自分の子どもを迎えにくる途中，または一緒に帰る途中に津波の被害にあったケースもあり，帰すべきではなかったという葛藤を教職員は抱えている。

教員の中からは「自分の命は自分で守る」という考えも聞かれた。「判断する子どもとか，自分で判断し行動する子どもを育てていくのが学校の使命（小学校管理職）」という声があった。

無線ラジオが使えない，流されてしまったなどの想定外の事態に対応するためのルール作りも目指さなければならない。さらに，避難所に指定されていなくても近隣の住民らが避難してくる可能性や，津波や道路の崩壊などで孤立してしまう可能性は高く，たとえ避難所に指定されていない公共施設であっても，数日間の避難生活ができるように準備をしておく必要がある。

そして，普段の地域とのかかわりが大切であることも再認識している教職員が多かったことから，日常生活から地域住民らとの関わりを深め，顔の見える関係を構築しておくことが重要である。

3）長期的なケア

今後，児童・生徒の長期的な心のケアが必要となる。車での送迎によって運動不足になっている子どもたちもおり，精神的なケアのみならず，身体的なケアも必要となる。ほとんどの子どもたちは，身近な親族や友人を亡くしていたり，自宅を失ったりするなどの喪失体験をしていることが多い。このことについては，数年といわず長期的なケアが必要であり，そのためにも震災当時を知る教職員の存在が大きい。できるだけ児童や生徒に寄り添い，今後も長期的にケアをしていく姿勢が求められている。

最後に，日本や世界中どこでも学校が被災することがあり得る。東日本大震災で被災した教職員が自分たちの経験を踏まえて，兵庫県の震災・学校支援チ

ームEARTHのように，次の被災地の支援にかかわる仕組みを構築していけば，被災地となった教職員らの負担もいち早く軽減され，結果として子どもたちのケアにも力を注ぐことができることになる。東日本大震災での被災は教職員にとって大変な経験となったが，この石巻での学校教育現場の経験が未災地へ引き継がれていくことを願う。

図3-1　震災被害の大きさを物語る校舎のようす（2013年12月23日撮影）

参考文献

・兵庫県教育委員会事務局教育企画課：震災・学校支援チーム（EARTH）ホームページ（http://www.hyogo-c.ed.jp/~kikaku-bo/EARTHHP/，2016年6月閲覧）

2．石巻西高校生へのインタビュー調査

（1）石巻西高等学校の取り組み

　東日本大震災の際，石巻西高等学校は海岸から4km離れた場所にあったにもかかわらず津波が押し寄せてきた。奇跡的に被害は少なかったが，自宅にいた生徒や次年度の入学予定者の中に犠牲者が出てしまった。この大震災の実状を後世に伝えていくため，また亡くなった生徒を供養するために震災1年後に石碑が建てられた。

　筆者らは，震災から2年9か月が経過した2013年12月に震災時のようすやその後の取り組みについてお聞きするために石巻西高等学校を訪問したが，到着するやいなやその石碑が目に留まった。そこには，甚大な被害を永く記憶し，次の世代に伝えるための碑文が刻まれていた（p.106参照）[1]。

　石巻西高等学校では東日本大震災を教訓として，その後の防災に力を注いでいる。筆者らが話をうかがった校長先生は自らが先頭に立って，他県等へ出向いたり，高校への訪問者に対して積極的に語り継ぎや交流を行っていた。震災後の2年間だけでも以下のような取り組みが行われていたが，国際交流を含めて生徒自身が震災体験を語り，広めていく交流活動が多様に設定されていた。なお，2014年度以降も交流等積極的な取り組みが行われている。

　◇2012年度の取り組み

　　「キズナ強化プロジェクト」訪日団との交流会／都立第一商業高校との交流会／スリランカの高校生との交流会／長野県御代田町での防災交流会／防災交流授業（シンサイミライ学校）

　◇2013年度の取り組み

　　コロンビア共和国少年バンド交流会／シンサイミライ学校交流／長野県短期大学での防災交流／兵庫県立舞子高校震災メモリアル行事参加／「中学生・高校生による全国防災会議」参加

【碑文】

記　憶

2011年3月11日　14時46分

伝えなければならないこと

　この日この時刻，宮城県沖を震源とするM9.0最大震度7の地震が起こり，津波が東北・関東地方の太平洋沿岸を襲いました。東日本一帯が受けた被害は，死者・行方不明者が2万人にのぼり，家屋の全半壊も37万戸にも及ぶ未曾有の大災害になりました。この地域は震度6強烈震に揺れ，押し寄せた津波が，海岸から4kmも離れた本校に達し，さらに奥へと進んでいきました。本校は危うく難を逃れ，奇跡的に被害はほとんどありませんでした。

　しかし，当日家庭に在った生徒9名とその春の入学予定者2名が犠牲となりました。その日より本校は，避難所として，また検視所・死体仮安置所として，地域の拠点としての学校の責任を果たしました。中でも避難所は，本校職員のみの自主運営とならざるを得ず，全職員の協力により44日間にも及ぶ難局を乗り切りました。

　この災害は東日本大震災と命名され，千年に一度の災害と言われています。しかし，時は移り，人は代わっていきます。衝撃的であった震災の記憶も，いつか風化する定めにあります。やがて震災への記憶が途絶え，災害に無防備になることが危ぶまれます。

　この碑は，東日本大震災の甚大な被害を永く記憶し，次の世代に伝えることを目的として建立されるものです。そして志半ばに生命を絶たれた生徒の魂を慰め，本校職員がどのように震災に立ち向かったかを残すものであります。

（以下犠牲者名省略）

　高校独自に開発した防災カレンダーも紹介していただいたが，防災の心構えや，いざという時に取るべき行動について学校・生徒・保護者が考え方を共有するために作成し，生徒の家庭に配布しているということであった。

図3-2　石巻西高等学校，校長先生への　　図3-3　校長先生より映像を通し
　　　　インタビュー　　　　　　　　　　　　　　たレクチャー（東日本大震
　　　　　　　　　　　　　　　　　　　　　　　　災時の津波の状況）

（2）石巻西高校生へのインタビュー

　震災後の石巻西高等学校の防災にかかわる取り組みの中では，生徒が多くの人と震災体験や防災の交流を行うことが重視されていた。生徒はそれらを通して改めて震災を見つめ，自己を見つめ，今後のあり方への考えを深めているように感じられた。はたして，石巻西高等学校の生徒は震災の体験とその後の経験を通して，何を学び，考え，今後に生かそうとしているのだろうか。

　それらを捉えるために生徒へのインタビュー調査を実施させていただくこととした。調査の概要は以下（表3-3）の通りであるが，今回取り上げた対象者は8名である。

　以下，インタビュー調査における主な結果を述べる。

1）震災時のようす

　対象者8名は震災時中学1年生（2名）および中学2年生（6名）であった

表3-3　高校生インタビュー調査の概要

□調査時期　　2013年12月22日（3名），2014年3月30日（5名）
□調査項目
　1．震災時の様子　2．避難状況（震災直後・震災後）　3．避難所等の生活
　4．現在の生活課題・思考　5．勉学等，学校生活のことや影響
　6．震災後の地域での活動　7．将来の生活設計　8．その他
□対象者
　高校1年生2名（男女各1名），高校2年生6名（男子2名，女子4名）
　合計8名（男子3名，女子5名）

が，卒業式の時期でもあり，自宅または友だちの家にいた者が5名と多かった。学校にいた者は2名で，卒業式に出席または卒業式の準備にかかわっていた。その他，商業施設（大型スーパー）にいた者が1名であった。

このうち，自宅が津波または地震の被害を大きく受けた者が5名みられ，津波の被害としては全壊，半壊が各1名であった。自宅が全壊した生徒は堤防も超えるほどの波に襲われ，夢中で山に逃げて野宿していたそうだ。しかし，介護職の母親は施設のお年寄りを2階に上げている最中に波が押し寄せ，亡くなったとのことであった。

地震の被害が大きかった者は3名で，木造1戸建が大規模半壊したものが1名，一部損壊が2名であった。なお，中学校の被害としては，「廊下や天井が崩れて穴があいた」という事例が1件みられた。

2）避難状況および避難所などの生活

自宅が被害を受けて他の場所で過ごした者は4名であった。そのうち自宅が全壊した者は寺で3～4日過ごしたが食べ物は何もなかったという。その後，地域の人が米を持ってきてくれたのでご飯を炊き，おにぎりを握って食べることができたそうだ。

商業施設で4日間避難生活を送った者は，1日目は食べ物がいろいろあったが，2日目からは少なくなり，おにぎりまたはパンひとつと飲み物だった。4月～6月頃までなかなか支援物資がこなかったと振り返っていた。

地震で自宅が一部損壊した者のうち1名は，石巻高等学校の武道館で1週間過ごしたが，学校のカーテンを布団にしていたせいもあって，夜は寒くて眠れなかったり，石巻高等学校が避難所ではなかったので食料等の支援物資もなく，衣服は山の上の友だちから借りていたとのことである。

自宅が一部損壊した他の1名は，最初は自宅で過ごしたが，家の建て直しのために一時的に仮設住宅に入った。しかし，入居後に電気が止まり何もできなくなった時期があったという。しかし，それによって家族の会話が増えたというプラスの発見があったことも話してくれた。

3）現在の生活課題・思考

　震災の体験やその後の経験から感じたことや考えたこと，生活面で対応したこと，ぜひ伝えたいことなどについて生徒たちは多くのことを語ってくれた。

　自宅の被害が大きかった者は建物の耐震対策への関心が高まり，防災訓練への参加も積極的になったとのことである。また，自分の身を自分で守ることの重要性にも気付いたようだった。親や友だちを亡くした者は，身近な人の大切さやその人たちの分まで頑張りたいという思いを語ってくれた。他県の人たちと交流の機会をもった者は改めて震災のことを考え，今後も語り継いでいくことや，別の地で震災が起こったときにはぜひ役立ちたいという意思を示していた。そして，今後伝えていきたいことについてそれぞれが熱いメッセージを寄せてくれた。

　生徒から上げられた具体的な内容は次の通りである（複数回答）。

〈感じたこと，考えたこと〉
　○親の大切さ。
　○普通のことが簡単になくなってしまう。毎日の生活を大切にしなければいけない。
　○地震を経験して，自分の身は自分で守ろうとする意識や周りの人を守ろうとする意識も高まった。亡くなった人の分まで頑張ろうと思う。
　○他県の小・中学生，大学生，高齢者と防災交流を行い，改めて震災を考える機会ができた。自分の経験を伝えることで，別の場所で大きな災害が起きたとき，少しでも役立ちたい。
　○今後も多くの人と交流して震災のことを語り継いでいきたい。
　○家族の絆は悪くなった（金銭面の問題でけんかしたり，育てている米や牛のことで衝突がある）。
　○震災のことは見たくないし，こういう話しをしていると力が抜けそう。大事な人がいなくなったことは悔しい。
　○6か月〜1年で普段の生活に戻ったが，石巻は変わってしまった。今まで恵まれていたと思う。

〈生活面で対応したこと〉
　○新しい家は耐震対策を施し，荷物はできるだけ2階に置いている。
　○地域の防災訓練にも可能な限り参加している。

〈ぜひ伝えたいこと〉
　○津波や地震を甘く考えないでほしい。
　○地震や津波はいつ来るかわからない。自分は関係ないと思わず，備えておくことが大事。
　○津波の恐ろしさを伝えていきたい。皆，津波のことをよくわかっていないから。ニュースなどでも段々取り上げられなくなっている。風化させないでほしい。
　○東北以外の人たちには過ぎ去ったことと思わず，この災害を忘れず，繰り返さないようにしてほしい。
　○常に防災意識をもってほしい。
　○身近にいる人を大切にしてほしい。

4）震災後の地域での活動

　震災後，地域のボランティアなどの活動を行ったのは6名の生徒であった。なかでも，学校に避難していた人たちへの手伝いが最も多く（4人），その内容は次のようなことだった。

　　食事の手伝い（配膳，1,500人分のゆで卵作り）／支援物資に関する手伝い（自衛隊の運搬援助，衣服の年齢別振り分け）／避難所運営（受付等）／小さい子どもの相手／トイレの水の運搬

　このほかに仮設住宅の子どもたちとクリスマス会（手作りのケーキとプレゼントを用意，クイズ，バンド演奏）を行った例，あしなが育英会に参加した例がみられた。

5）将来の生活設計

　将来の生活設計について話を聞いたところ，希望の職業として，「看護師等医療関係」（4名），「公務員」（3名），「教師」（1名）があげられた。その理由や思いを述べてくれたのは下記の4名であったが，震災後の経験が大きく影響

しているこがわかる。
　◇「公務員」希望者
　　・地震が起きたとき，市役所の人がリードしてくれたり，いろいろ働いていて，そういうふうになりたいと思った。なるべく石巻の公務員になって，年取った人ともいっぱいかかわりたいし，道路もちゃんとしたい。
　　・ボランティアをして人の役に立つすばらしさを知り，新しい自分に出会うこともできた。将来は高卒で公務員になって石巻のために働きたい。
　　・大学へ進学し，公務員になりたい。
　◇「看護師」希望者
　　・小5の頃から日赤病院に行きたいと思っていた。災害に強い病院なのでその思いがさらに増した。

（3）高校生にとっての震災体験・経験の重み

　インタビューに答えてくれた石巻西高校生8名は中学生のときにこの大震災を体験した。その後，地域の復旧や復興に取り組む人々の姿を見たり，自らも支援にかかわったり，多くの人と震災の語り継ぎや防災に関する交流会などを行ったりする中でさまざまなことを感じ，考えるようになっていることが捉えられた。また，高校生になって将来への生き方に対するイメージも膨らませていたが，震災の体験や経験が大きく影響を及ぼしている生徒が半数に及んでいた。さらに，震災の体験や経験は，これまでほとんど意識することのなかった毎日の生活の大事さや，家族の大切さや難しさについても気付かせる機会になっていた。
　なお，冒頭に紹介したように石巻西高等学校では甚大な被害を永く記憶し，次の世代に伝えるために石碑が建てられたが，そこにこめられた意味の重要性を生徒たちも認識し，自分たちの体験を積極的に語り継いでいきたい，語り継いでいかなければならないという強い思いを多くの生徒が示していた。そして，自分たちの体験・経験を踏まえ，ぜひ伝えていきたいメッセージとして，地震や津波を甘く考えてはいけない，今回の東日本大震災を風化させてはいけ

ない，防災の大切さを忘れてはいけないなどと一人一人が熱く語ってくれた。彼らは，人間の生活と自然との共生ということについても認識を深めたものと推察される。

　本稿を起こしている現在はインタビューから2年以上経過しており，生徒の中にはすでに社会に出た者やまもなく社会に出る者が存在するであろう。彼らは，今後の石巻の人々の生活や地域の復興，さらにわが国の防災対策や子どもたちの育成に向けて重要不可欠な存在になると確信する。これまでに培った力をさらに伸ばし，社会で発揮していくことを強く願うものである。

引用文献
1）宮城県石巻西高等学校長：東日本大震災モニュメント　碑文（2012年3月11日），石巻西高等学校ホームページ（http://www.inisi.myswan.ne.jp/PDF/mmt_inscription.pdf，2016年6月閲覧）

コラム　被災地のあしたを支える活動

　東日本大震災後に被災地で活動したボランティア団体やNPO団体等は，一時期850団体を超えたともいわれる＊。しかし，年月とともに活動内容を変えたり，合併や改変，解散や消滅，活動の停止などに至る団体も少なくなかった。そうした中で，震災後に石巻市で誕生し，5年を経過しても活動を継続している子ども支援に関係する団体をいくつか紹介したい。

　NPO法人TEDICは代表を務める門馬氏が震災後2か月頃にボランティア活動を開始したことから始まった。子どもたちの夜の居場所づくりでもある「学習支援」をはじめ，昼間の子どもたちの居場所を提供するフリースクール「ほっとスペース石巻」，地域の町内会や学校，石巻市社会福祉協議会と一緒に運営されている「子ども食堂」などの活動を行っている。フリースクールでは，来所が難しい子どものもとへ訪問するアウトリーチ活動も行っており，今後も継続的な活動を行っていく動きに注目したい。

　子ども∞感（むげんかん）パニーは，震災直後から支援活動を行っていたNPO法人メイクザヘブン・め組JAPANから派生した団体である。仮設住宅での居住や震災による子どもの生活ストレスを「あそび」によって解消することを目指している。具体的には，遊び場の提供，キャンプの実施，保護者や地域住民の情報交換や多世代交流の場の提供，不登校と引きこもりの受け入れ，プレイワーカー（あそび隊長）の育成などに力を注いでいる。

　石巻こどもセンター「らいつ」は，18歳までの児童を対象に，自由な遊びの場やさまざまなイベントを提供し，遊びや学びを通じた健全育成を目的として設置されている。石巻地域の子どもや大人の意見を取り入れながら，企画・設計された施設で，2011年秋に企業の支援を受けて作られ，2013年12月からは石巻市の児童館として位置づけられた。石巻地域の活性化のために中高生が中心となって運営をする施設で，子どももおとなも参加する運営会議や子どもたち自身が利用方法などを検討する「子ども会議」が設置されている。子どもたちが地域の復興に向けたまちづくりに地域の一員として取り組む「石巻市子どもまちづくりクラブ」の活動拠点にもなっている。

＊JCN東日本大震災支援全国ネットワーク（http://www.jpn-civil.net/2014/about_us/history/，2016年6月閲覧）

第4章 石巻市の良さを復興につなげて未来をつくる

　近年の日本ではIT化や交通の進展により地域の多様性が失われていくとともに，都市への人口流出がみられる。石巻市においても東日本大震災以前からこの現象は同様であり，石巻市を代表する産業である水産加工業の収益は低下し，人口の減少がみられたが，震災がこの現象にさらなる拍車をかけた。このような現状のもとで石巻市が存続するためには，環境や人口，健康，食糧，人権，平和など多方面において現在の良い点を継承しつつ，課題の解決に向けて主体的・共同的に取り組む必要がある。

　日本家政学会東日本大震災生活研究プロジェクトでは，こうした取り組みを実践する上でキーワードとなる「相互扶助」，「良き伝統の継承」，「労力としてのマンパワー（仕事などに投入できる人的資源）」を意識しつつ被災者への生活支援を行ってきた。

　本章では，持続可能な社会であるための取り組みとして，石巻市の水産業・水産加工業の復興や雇用の創出を目指した産学・異業種連携開発体制（農事組合法人，水産加工会社，製麺会社，商店街，石巻専修大学による連携体制）の構築と，この体制のもとで進める地域性を活かした商品開発，活動の中での課題を紹介する。また，経営者の取り組む姿勢や神楽の伝承の実際を紹介することで，地域の人とともに良き伝統を継承していこうとする経営者や伝承者の努力が石巻市の復興，そして未来に向けての大きな力となっていることを強調した。

1．生活復興を支える地域産業支援

（1）石巻市の水産業について
1）水産加工業の重要性

　水産業は漁労や養殖，輸入などによる魚などの水産物や調味料などの調達から冷蔵，冷凍，包装資材や運輸に至るまで，多種多様な業種が密接に関連している裾野の広い産業である。したがって，石巻における水産業の復興を考える場合には，漁業や水産加工業といった単一の産業として捉えるのではなく，産業コンプレックス（複合体）としての復興のあり方を検討していかなければならない。

　東日本大震災によって宮城県石巻市の企業は未曾有の被害に見舞われた。特に，沿岸部に集積していた水産加工業は全社が生産の基盤となる設備や建物を失ったために，震災直後は事業継続の見通しがつかない状況が続いた。

　石巻市では水産加工業を含む食品製造業の事業所数と従業者数の比率が高く，震災前にはそれぞれ製造業全体の4割程度を占めていた（図4-1）。製造品出荷額および付加価値額（従業者が29人以下の場合は粗付加価値額）についてもパルプに次いで高く，製造業全体の2割5分強を占めていた。

　石巻市に食品製造業が集積している背景には特定第三種漁港に指定されている石巻漁港との関係がある。世界三大漁場の一つに位置づけられている三陸沖を背景に，石巻漁港には通年にわたって多種多様な魚種が水揚げされる。漁港の背後地には水産加工団地が集積しており，魚市場で水揚げされる水産物の用途別出荷比率は，加工用が6割以上と鮮魚の出荷比率を大きく上回っている（図4-2）。

　水産加工業は，多くの加工機器類が導入されていたとしても，人手による作業を欠かすことができない業種である。このように労働集約型産業である水産加工業は石巻市の就労機会を創出する上で重要な産業となる。しかし，今回の

1．生活復興を支える地域産業支援　117

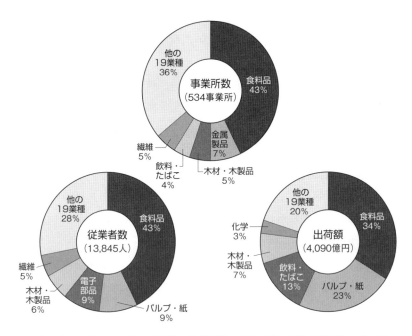

図4-1　石巻市における製造業の事業所数・従業者数・製造品出荷額の構成比
（宮城県平成21年工業統計調査（2011）をもとに作成）

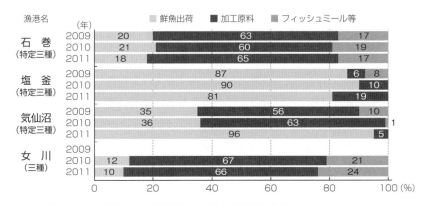

図4-2　宮城県内の主要漁港における用途別出荷比率*（2009～2011年）
＊19品目別上場水揚量の最終段階における用途別出荷量を調査した結果である。
（漁業情報サービスセンター・水産庁（2012）をもとに作成）

震災では多くの企業が生産基盤を失ったために生産設備が復旧するまでの間，自社での生産ができなくなった。このため，やむを得ず従業員を解雇した企業も多くみられた。

1995年に発生した阪神・淡路大震災の際には，神戸市長田区に集積していたケミカルシューズ産業が火災によって生産基盤を喪失し，結果的に産業の規模が縮小した。同じく労働集約型産業である水産加工業の場合も，復旧や復興が遅れると就労機会を求めて他産業へ人材が流出してしまう危険性が考えられ，ひいては他の地域に人口が流出してしまうことも懸念される。水産加工業の復旧および復興は石巻市の産業構造を維持していくためにも，地域の持続性を考慮する上でも欠かすことができない取り組みとなる。

2）水産加工業の収益性の低下

近年の水産加工業を取り巻く状況は厳しく，長引くデフレの影響や市場の成熟化などの諸要因によって収益性が著しく低下している水産加工の最終製品が海外諸国で製造される傾向や大手量販店が手がけるPB（private brand）商品の台頭といった近年の様相を考慮すると，市場における企業間や産地間の競争はますます激化してくると考えられる。また，近年は水産資源の枯渇によって水産物の水揚げ量が全国的に減少しており，魚価すなわち原料価格の高騰という現象もみられるようになった（図4-3）。

利用範囲が全国的である漁港のうち，わが国の水産振興上特に重要な漁港として政令で定められている「特定第三種漁港」の多くは，品質面よりも水揚げ量を確保することによって産地としてのステータスを維持してきた。このような漁港を事業基盤とする鮮魚取り扱い業者や水産加工会社は，消費地市場の荷受け業者の要請に基づいて水産物を出荷すればビジネスが成立していた。しかし，需要が供給を下回る近年の市場動向においては，このようなビジネス手法だけでは収益性を高めることができなくなってきている。

もともと石巻市の水産業界は震災以前から収益性が低下していて，収益性の低下に苦しんでいる状況で被災した。被災地となった石巻市の水産業を持続させていくためには震災以前の状態に復旧させるだけではなく，新しいビジネス

1．生活復興を支える地域産業支援 119

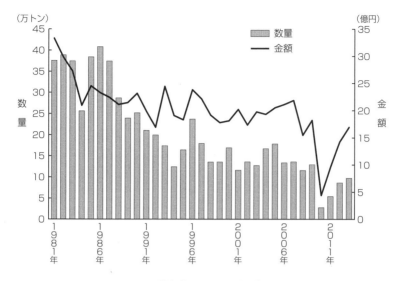

図4-3　石巻漁港における水揚げ高の推移
（石巻市統計書（2014）をもとに作成）

手法を積極的に開発していくことが求められ，そのような考え方をもつことが真の意味での復興につながるものと考えられる。

（2）震災後の公的支援

　震災後，三陸沿岸の水産都市は津波の影響で建物や生産設備が損壊したが，被害の程度は都市によって異なっていた。リアス式海岸の扇状地に街が形成されている宮城県南三陸町や岩手県陸前高田市では漁港を含む水産関連施設が跡形もなく損壊したが，同じ三陸に位置する青森県八戸市では建物や生産設備には被害が生じたものの，電気や水道といったライフラインは数日後に復旧した。このため，冷蔵庫に保管していた加工原料の腐敗は免れ，完全復旧までには時間を要したものの，約1か月後には生産活動を再開できるようになった。しかし，石巻市は津波による被害に加えて漁港周辺部の地盤が大きく沈下したために，ライフラインが復旧するまでに4か月以上を要した。

　石巻市の水産関連業界の関係者らは震災直後に「石巻水産復興会議」を立ち

上げ，復旧作業や産業復興のあり方について協議した．同会議には被災した水産加工会社の経営者らも参加して，生産設備の復旧に関する公的支援情報や多重債務の回避策に関する情報，従業員の解雇に伴う失業給付に関する情報などを集めようとしていた．

　水産業界の多くの関係者が「公助」（公的機関による支援・援助）を求めていたところ，水産庁は2011年5月6日に「東日本大震災による水産業への影響と今後の対応」を発表した．石巻市の水産関係者は，震災からわずか2か月足らずの期間で発表されたこの水産庁の支援策に期待を寄せていた．

　このときの発表では，「漁業は漁船があれば操業可能」，「個別経営では困難な場合が多く，協業化・共同経営化が現実的な場合が多い」，「漁獲した水産物を出荷するためには，漁港・市場の本格的な復旧に先立ち応急措置が必要」といった方針が提示されるとともに，総額2,153億円の補正予算が示された．しかし，水産加工分野については，わずか18億円の提示にとどまっていた．また，災害復旧事業として76億円の予算が提示されたものの，その適用範囲は公益性・公共性が担保された共同施設に限定されており，民間事業者の加工施設については対象外となっていた．震災後，農林水産省は青森・岩手・宮城・福島県内の水産加工業870か所のうち7割以上の事業者が全半壊・浸水の被害があったとし，その被害金額を約1,500億円と公表したが，水産庁が提示した予算は被災した東北地方の水産加工業の復旧に利用できるものではなかった．

　石巻や気仙沼，女川のような被災地域の特定第三種漁港や取引規模が全国にわたる第三種漁港では，鮮魚出荷よりも水産加工にまわる原料比率のほうが高いところが多い（図4-2）．したがって，このような地域の場合には，漁業が再開されて鮮魚が漁港に水揚げされたとしても，水産加工業が稼働しなければ水産業全体の復旧・復興にはつながらない．

　省庁の構造や守備範囲を考慮すれば仕方がないかもしれないが，水産業が漁業だけでなく，水産加工業や運輸業，包装資材業などといった関連産業から成り立っていることを考えれば，原材料調達・生産・流通・消費までの一連のプロセスを意識しつつ，被災地の全体を俯瞰するような復旧・復興計画を策定し

ていくべきことは自明である。さらに，「被災地の漁港」といっても，取り扱う魚種や入港する船の種類や大きさ，漁獲方法などがそれぞれ異なり，水産加工会社の技術や機器類についても水揚げされる魚種によって異なることにも十分な留意が必要となる。

　復旧・復興事業に国の公的資金を投入するにあたっては公平性や公益性を保つことが求められるが，実効性を伴う復旧・復興事業を展開していくためには被災状況や規模，産業構造に応じた個別の支援策を創出していくべきであり，省庁の枠組みを超えた横断的な対応を迅速かつ柔軟に講じていくことが求められる。

（3）被災した産業の状況
1）復旧・復興の地域間格差

　被災した石巻市の水産加工会社は，国が創設した「中小企業等グループ施設等復旧整備補助事業」（グループ化補助金）を受給して工場や生産設備を復旧させた。この事業は，復興のリード役となり得る「地域経済の中核」を形成する中小企業等のグループが復興事業計画を作成し，県の認定を受けた場合に施設・設備の復旧・整備等の経費が補助対象となるもので，民間企業の施設であっても要件を満たせば公的助成金を受給できるようになった（宮城県，2015）。

　石巻漁港の周辺に集積する水産加工会社の多くは，加工団地一帯の地盤が大きく沈下したために，盛り土によるかさ上げ工事を行ってから工場の再建にあたることになった。しかし，工場の再建に年単位の歳月を要したために，自社設備が復旧して生産活動を再開しても売り上げが伸びない企業が続出した。

　経済産業省の東北経済産業局が東日本大震災で被災した企業の復旧・復興状況を把握するために実施した調査（2015年）では，水産・食品加工業に売り上げが伸び悩んでいる企業が多く，震災以前の水準に回復した企業は青森県，岩手県，宮城県，茨城県で45％にとどまっていた。地域間の格差も生じており，青森県の企業の59％が震災以前の水準にまで売り上げが回復していたのに対して，宮城県の企業は45％，福島県の企業は42％にとどまっていた。

雇用状況についても業種間で格差が生じる傾向がみられ、建設業の68%が震災以前の水準にまで回復していたのに対して、水産・食品加工業では37%にとどまっていた。建設業の売り上げや雇用情勢が好調な背景には復興特需による事業機会の増加が関係しており、その労働力は他の業種から流入していると考えられる。

2）水産業界の復旧・復興状況

2015年2月12日に発表された水産庁の調査によると、地域や事業規模によって水産業界の売り上げの回復状況に差が生じている。売り上げが8割以上回復した水産加工業者は青森県では9割を超えていたが、宮城県では4割にとどまっていた。また、生産能力が8割以上回復した業者は資本金5,000万円以上では6割を超えたが、1,000万円以下の事業者では4割弱にとどまっていた。売り上げ状況についても事業規模間で差異がみられ、売り上げが8割以上回復した水産加工業者は資本金5,000万円以上で6割を占めていたものの、1,000万円以下の事業者では25%にとどまっていた。

このような地域間、業種間、規模間の格差は東北地方の地場産業の空洞化を加速させるとともに、失業や転職に伴って他地域へ人口が流出するといった問題を生み出す引き金になりかねない。同一地域における企業間の格差についても、地域内の取引構造を考慮すると産業集積力を衰退させる原因となり、ひいては事業機会の喪失やサプライチェーンの崩壊、地域外からの原料や資材等の調達によるコスト増加の結果としての取引価格の増大といった問題を二次的にひき起こす危険性も否めない。

（4）被災企業の状況

1995年1月に阪神・淡路大震災で被災した神戸市長田区のケミカルシューズ産業の場合には、復旧に際して公的資金が投入され、結果的に生産基盤を再整備することができた。しかし、生産再開までの間に従前の取引先を失ったために、産業規模の縮小や労働力の流出といった二次的な問題を生み出した。

東日本大震災で被災した石巻市の水産加工業も公的資金を受給することによ

って生産設備を復旧させることができたが，復旧・復興事業の手法を間違えると，産業規模の縮小や労働力の流出といった問題を生み出すことは明らかである。石巻市の水産業の復旧・復興策の検討に際しては，阪神・淡路大震災時の反省点や被災企業が抱える問題・課題を踏まえつつ，実態に応じた復興策を検討していかなければならない。

　前述の東北経済産業局や水産庁の調査結果は，被災した産業の状況を把握する上での重要な資料となる。しかし，これらの調査には東北地方に加えて北海道や関東地方も含まれており，道県単位で調査結果が集約されていて，市町村単位に集約された結果は公表されていない。東日本大震災で被災した地域は市町村ごとに産業構造が異なるとともに被災状況もそれぞれ異なり，水産業についても水揚げ魚種や加工の集積状況・規模によって状況が異なる。したがって，被災地の実態に即した復興策を検討していくためには，市町村別や産業種別に調査を実施していく必要がある。

　このような考えに基づいて，筆者らは石巻市と気仙沼市の商工会議所，信用金庫と石巻専修大学が設立した「三陸産業再生ネットワーク」において，両市の基幹産業である水産業の復旧・復興状況をタイムリーに把握するために水産業および関連の被災企業に対して調査活動（以下，被災企業調査）を2013年1月より年に2回実施しており，本稿執筆時点までに6回にわたる調査活動を実施した。調査対象は石巻市と気仙沼市の水産業と関連業種の企業（石巻市と気仙沼市の商工会議所の会員企業ならびに石巻信用金庫と気仙沼信用金庫の取引企業）である。

1）被災企業の現状

　第1回から第6回の被災企業調査では，各回50％前後の企業から回答を得ており，産業規模別にみると8割強が50人未満の事業所であった。

　被災企業の事業設備の復旧状況については，第6回（2015年7月）の調査では，未回答を除くと「休業中」1％，「一部復旧」16％，「仮復旧」16％，「全復旧」67％と着実に復旧が進んでいる状況がうかがえる（図4-4）。

　これに対して，事業再開後における生産設備の稼働率については「どちらと

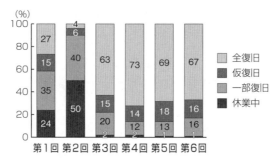

図4-4　石巻市と気仙沼市における事業設備の復旧状況
（三陸産業再生ネットワーク（2016）の調査結果をもとに作成）

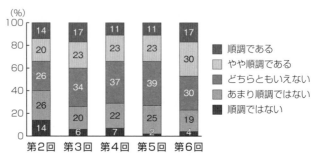

図4-5　事業再開後の生産設備稼働率
（三陸産業再生ネットワーク（2016）の調査結果をもとに作成）

もいえない」と「やや順調である」という回答が最も多く，ともに30％であったが「順調である」および「やや順調である」という回答の合計は5割に満たなかった（図4-5）。

2）事業再開後の売上高および出荷状況

　売り上げおよび出荷状況が「増加した」と6回目の調査で回答した被災企業の割合は，5回目（2015年1月）の調査よりも増加しているものの，67％の企業が「減少した」と回答しており，依然として売り上げが回復しているとはいえない状況である（図4-6）。

　事業再開後の販売活動（図4-7）についても，5回目の調査よりは増加傾向にあるものの，6回目の調査で「順調である」と回答した企業は12％であり，

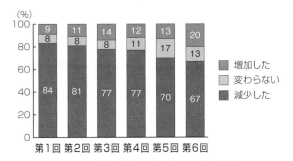

図4-6　事業再開後の売上高および出荷状況
（三陸産業再生ネットワーク（2016）の調査結果をもとに作成）

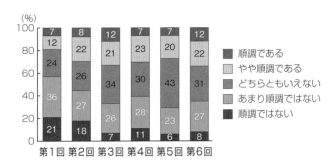

図4-7　事業再開後の販売活動
（三陸産業再生ネットワーク（2016）の調査結果をもとに作成）

「やや順調である」と回答した企業を合わせても3割強にとどまっている。この結果から，東日本大震災から4年が経過しても営業能力が十分に回復していない企業が多いことが推測される。

　国が創設した補助金によって被災企業が生産設備を復旧したとしても，売り上げが増えなければ生産稼働率は高まらない。石巻市と気仙沼市における被災企業の生産稼働率を高めていくためには販路の開拓をはかることが急務であり，そのためには被災企業の営業力をも強化していくことが求められる。また，成熟化する国内市場において販路の開拓をはかるためには，消費ニーズに基づいた製品を開発する能力を高めることが求められ，競合他社とは異なる特徴やオリジナリティをもつ製品を積極的に開発していかなければならない。

3）被災企業の課題

　被災企業が抱える課題について，被災企業調査で得た結果をもとに述べる。上述の被災企業調査では，被災企業がもつ課題を「原料仕入れ」，「販路開拓」，「生産設備再構築」，「人材確保」，「資金調達」，「風評対策」，「製造技術開発（設備等）」，「商品開発」，「その他」と位置づけ，調査に際しては優先的に解決すべき順位を回答していただいた。表4-1はその順位結果の第1位に9点，第2位に8点，第3位に7点，以下順に第9位に1点の得点を与え，回答企業数で除して平均得点として示したものである（「その他」を除く）。すなわち調査時点で課題解決の優先順位が高い課題ほど数値が高くなっている。

　調査時期によって多少の差異はみられるものの，「製造技術開発（設備等）」と「商品開発」は石巻市，気仙沼市ともに順位得点が高く推移していることか

表4-1　解決すべき課題

		第1回	第2回	第3回	第4回	第5回	第6回
原料仕入れ	石巻	4.3	5.0	4.6	4.5	4.5	3.9
	気仙沼	5.4	4.6	3.8	4.7	5.1	4.8
販路開拓	石巻	5.2	5.2	5.0	3.9	4.7	5.2
	気仙沼	3.6	3.1	3.6	3.8	4.3	3.3
生産設備再構築	石巻	4.9	3.8	4.1	4.1	4.6	4.3
	気仙沼	5.2	5.3	4.7	4.5	3.9	3.6
人材確保	石巻	4.9	4.8	3.7	4.5	4.3	3.8
	気仙沼	5.5	4.6	4.4	4.3	3.5	4.2
資金調達	石巻	4.5	3.9	4.4	4.7	4.0	4.2
	気仙沼	5.0	4.5	5.2	5.5	5.0	3.5
風評対策	石巻	4.7	3.9	4.4	4.3	4.4	4.3
	気仙沼	4.1	3.0	4.4	3.8	4.2	3.3
製造技術開発（設備等）	石巻	4.7	4.3	4.8	4.3	4.7	4.6
	気仙沼	4.8	5.2	4.2	4.5	5.4	5.6
商品開発	石巻	—	4.6	4.5	5.1	4.7	5.2
	気仙沼	—	5.1	5.2	4.3	5.1	4.6

（三陸産業再生ネットワーク（2016）の調査結果をもとに作成）

ら，両市における被災企業の重要課題であると思われる。一方，「原料仕入れ」や「人材確保」，「資金調達」は石巻市よりも気仙沼市の順位得点が高いが，「販路開拓」と「生産設備再構築」，「風評対策」に関しては石巻市が気仙沼市よりも順位得点が上回っている。これは，両市における被害規模の程度，復旧・復興工事の進捗状況などの違いが影響していると推測される。

　この調査から被災企業が現在解決しなければならない課題としては，製造技術開発（設備等）や商品開発といった「開発力」の習得があげられることになる。そして，資金調達・原料仕入れ・人材確保といったヒト・モノ・カネにかかわる「経営資源」，風評対策といった「外部的要因」を軸に集約されるものと考えられる。この分析結果の中で，とりわけ「経営資源」に関する課題解決は急を要すると思われる。前項で指摘したように，労働集約型産業としての性質をもつ水産加工業の場合は，人材によって産業の持続が支えられており，「技術力」や「開発力」についても，有能な人材を確保することによって向上するものである。復興に際して人材が集まらない状況が継続すると，石巻市と気仙沼市の地場産業である水産業が崩壊し，関連産業に悪影響が及ぶ可能性も否定できない。

（5）被災地の復興と産業の持続に向けて
1）被災企業の内部問題と支援活動

　本章では東日本大震災後の石巻市や気仙沼市の状況を述べながら，被災企業の復興に向けた課題について述べてきた。「ひと」・「まち」・「しごと」をキーワードにもつ「地方創生」に向けた取り組みについても同様であるが，人々が生活していくためには生活の糧となる収入源を確保することが求められ，地域産業の持続と発展は地域の人々が豊かに生活していくための必要条件となる。このため，被災地の復興をはかるためには地域産業の復興が不可欠で，地域産業を構成する被災企業の復興こそが地域の存立の可否を見極めるための試金石となる。

　被災企業が抱える諸問題を解決し，かつ失われた販路を開拓していくために

は抜本的な発想に基づく計画開発力やマーケティング力を強化していくことが求められる。これらの能力の強化に際しては，従来までの事業で培った優れた加工技術や製品開発力を増強することだけでなく，潜在的なニーズの発掘や市場拡大を進めていくための市場創造型経営発想力も必要である。しかし，多くの被災企業は人材不足に陥っており，6回目の被災企業調査では回答企業89社のうち半数以上が人材の確保に悩んでいることが明らかになった。営業力の不足や商品開発力の不足に悩んでいる企業も7割以上あって，多くの被災企業がこうした内部環境に関する課題を抱えていることが判明した。

　このような状況を考えて，筆者の一人（石原）は地域性を生かした商品開発の必要性を感じて，石巻地域において産学・異業種連携開発体制（農事組合法人，水産加工会社，製麺会社，商店街，大学による連携体制）を構築しながら「石巻・飯野川発サバだしラーメン」を完成させた。同商品の開発に際しては，大手メーカー，大手量販店が手がけるPB商品や輸入品との差別化をはかるために国産原料を有効に活用する戦略を立案して，消費者調査を実施した。

　流通手法についても，特定のターゲットに対して商品価値を伝達するために選択型流通チャネルを適用するなどの工夫をした。商品の販売開始後に定期的に検証作業を行っており，2013年9月から2016年3月末までの期間に約25万7千食分を販売した。大手食品メーカーとの取引も実現し，2014年12月にはカップラーメン版のサバだしラーメンが全国的に発売された。カップラーメンの製造に際しては被災した石巻市の水産加工会社が濃縮スープを提供しており，被災企業にとっては新たな方向への販路開拓のきっかけとなった。

2）被災企業の風評被害と支援活動

　石巻市や気仙沼市の被災企業は東京電力福島第一原発の事故に伴う風評被害を受けており，6回目の被災企業調査では回答企業89社のうち54社（61％）が「風評被害を受けた経験がある」と回答している。震災以前までの輸出相手国であった韓国や台湾は依然として水産物の輸入規制を講じている。風評は，放射性物質の検出の有無にかかわらず，消費者の心理によって生じるものであり，客観的なデータを詳細に提示して，消費者に受け入れてもらえなければ解

1．生活復興を支える地域産業支援　129

決できない問題である．

　このような状況において，筆者らは情報システム会社と連携しながら「水産物情報公開システム」を開発して，放射性物質検査の測定結果を産品ごとに公開する取り組みに着手した．同システムには2016年5月までに1,123件の産品情報が登録されており，石巻魚市場で水揚げされる鮮魚については水揚げ後に測定される放射性物質検査の結果が随時追加されている．

　東日本大震災から5年の歳月が経過して市中には日常の風景が戻りつつあるが，地域住民の雇用を支える企業の実態は未だ厳しい．被災地の産業復興を果たすためには中長期的な視点に基づいて地域の多様な関係者らが相互に連携し，新しいビジネスや課題を解決するための方策を積極的に開発していかなければならない．

参考文献
- 宮城県：平成21年工業統計調査結果，2009．（http://www.pref.miyagi.jp/soshiki/toukei/kougyou-21.html，2016年3月閲覧）
- 漁業情報サービスセンター，水産庁：水産物流通調査，2012．（http://www.market.jafic.or.jp/suisan/，2016年3月閲覧）
- 石巻市：石巻市統計書　第6章水産業，2014．（http://www.city.ishinomaki.lg.jp/d0030/d0120/index.html，2015年7月閲覧）
- 宮城県：中小企業等グループ施設等復旧整備補助事業，2015．（http://www.pref.miyagi.jp/soshiki/kifuku/kifuku0627-01.html，2016年7月閲覧）
- 東北経済産業局：グループ補助金交付先アンケート調査（中小企業等グループ施設等復旧整備補助金）平成27年6月実施，2015．
- 水産庁：水産加工業における東日本大震災からの復興状況アンケート（第2回）結果，2015．
- 三陸産業再生ネットワーク：被災企業調査　第1回～第7回被災企業調査集計一覧，2016．（http://ishihara-lab.org/home/s3net/，2016年7月閲覧）

2．生活文化の継承に向けた活動

（1）石巻市の概況

　石巻は北上川がもたらした肥沃な土地を活用した農業や，黒潮と親潮がぶつかる三陸沖の漁場を恩恵とした漁業，北上川や海を利用し千石舟による江戸（東京）との往復が可能であった海運業など，豊かな自然を活かした産業が江戸時代から盛んであった。さらに，1925年頃からは牡蠣の養殖が始まり，その後ほやや帆立貝の養殖も盛んになり，最近ではさけの養殖も行われている。これらの産業に携わっている多くの人たちが飲食店などを中心とする商店街を利用し，商店街は賑わいをみせていた。しかし，震災後は商店経営の継続が困難になり，閉店や石巻市からの移転を余儀なくされた店も少なくない。震災前から高齢化，過疎化が問題になっていたが，震災によりこの傾向に拍車がかかり，被災にあったままの店舗が未だに見られるのが現状である。

　石巻市中心市街地の2007年度から2012年度までの小売店舗数の減少率は約50％で，2004年度から2007年度までの約20％に比べて減少率が大幅に増えた。石巻市全体でみると，2007年度から震災後の2012年度までの減少率は約60％（年率12％）であり，これは2004年度から2007年度までの約10％（年率3.3％）に比べて著しい減少である。一方で，中心市街地の1店舗あたりの従業員数は2007年度4.5名，2012年度4.4名と変わらないのに対して，石巻市全体では5.9名から8.5名へと増えた。このことから，中心市街地の店舗は従来の規模を維持しているが，石巻市全体としては小規模店舗が減り，大規模店舗の割合が増加したと推定できる[1]。

　震災後衰退していく商店がある一方で，震災後も店舗の伝統を継承しつつ，現代社会の要請を考慮した新たな試みに挑戦し，発展をしている商店もみられる。本節では，店の伝統を継承しつつ，新たな視点で経営に取り組んでいる商店についての聞き取り調査（2014年6月〜2016年3月）をもとに，店舗の歴史，

災害時の状況や影響，現在取り組んでいる営業内容や新たに取り組もうとしている内容を紹介する。この調査から，店主の知恵と努力が石巻の伝統の継承と新たな町づくりの原動力となっていることが明らかになった。

(2) 石巻市の食文化を担う店
1) 割烹　大もりや

a．歴史　大もりやは，遅くとも1893（明治26）年には現在の石巻市中央三丁目で旅籠(はたご)・料理仕出しの店を営んでいたことが明らかなことから，この年を創業年と定めている。大正末期に駅前に移転し，そば・うどんなどを中心としたいわゆる「駅前食堂」に業態を変えて繁盛したが，戦争による強制疎開で店舗は撤収となった。戦後，現在の所在地である石巻駅前に店舗を再開して寿司部門や割烹部門を順次併設し，結婚式場などにも利用されてきた。東北の霊場の一つである金華山参りの観光客も多かったが，地元の人々を主たる顧客としていた。1974（昭和49）年に店舗が火災で全焼し，翌年店舗を再建したが，東日本大震災で全壊となった。震災の3か月後には仮店舗で営業を再開し，その1年半後には震災前と同等の規模の店舗を再建している。

現在の経営者は五代目で，東京の大学で「観光」の勉強をし，東京の百貨店で食材の輸入の仕事などに携わっていた。その後石巻に戻り，店の経営のかたわら石巻専修大学特命教授として教鞭をとっている。

b．災害時の状況や影響　店主が大学での研究会に出かけようとしたときに震災に襲われた。従業員，家族とともに一時的に山に避難した。夫婦，祖母，従業員1名が車の中でキャンディーを分け合って一夜を過ごした。翌日，幸運にも空いていたアパートの一室を知り合いが提供してくれることとなり，次の日から4畳半のアパートで大人4人が3か月ほど暮らした。ライフラインが途絶えたこの生活の中で，反射式石油ストーブを使用したが，暖をとる以外に天板で料理もでき，また炎の光が照明としての役割を果たしてくれるという効果を強く実感した。

震災3週間後，被災店舗の修復が難しいと判断して市役所に店舗の解体を依

頼した。被害の少なかった近所のお菓子屋さんの店舗を借り受け，仮店舗として営業を再開した。12月中旬までは，新たに地元採用したスタッフを含めた15名で，1日800食の避難所用のお弁当作りを市の依頼で行った。さらに，震災から1年10か月後に補助金の交付を受けて新店舗を再建した。

c．新たな取り組み　2000年代には，石巻観光協会や料理店組合と一緒に地域の食材を生かしたさまざまな取り組みを実施してきた。例えば京都の高名な料亭から料理長を招いて，石巻の食材を京料理に仕立てる料理教室と試食会を行った。また，牡蠣組合と共同して江戸時代の料理本を現代語訳し，それに基づいた牡蠣料理を試作して，「伊達の牡蠣料理」として試食会を実施した。加えて，ホヤ祭りを料理組合の若手の人と一緒に3年間実施している。一方で，「知産地賞の会」の運営に参加して，さまざまな地域の食の振興事業にもかかわった。消費者や食の関係者を対象として月に1回地域の旬の食材をテーマにした料理を持ち寄っての試食会を催したり，飲み食べ歩きのチケットで街なかのお店を回りワンドリンクと小皿料理の食べ歩きを楽しむというイベント「ボンバール」の企画運営等々，多様な活動を行ってきた。

　震災後は復興丼という名称で牡蠣とトマトを卵でとじたものや，旧雄勝町の大須の浜で取れるとろろ昆布と山葵のあんを地元の茂洋牛にかけた丼ものを提供するなどの試みを展開した。これらは現在でも店の献立として残っており，東京のイベントでも販売を行った。

　このように大もりやは，震災前から地産地消を意識した試みを石巻観光協会や料理店組合と一緒に取り組んできている。一方，経営者でもある教員という立場からは，学生のNPO設立や旅行業の起業を指導して，復興ツアーを実施するなどの取り組みを行っている。

　地域を考え，学生を含む多くの団体との協働をはかり，広い視野で石巻の活性化に向け取り組まれている姿勢をうかが

図4-8　株式会社大もり屋本店
　　　　（大もりや）

い知ることができる。

2) 島津麹店

a．歴史　石巻地方の広大な農地は，江戸時代に仙台藩主伊達政宗の命でこの地を流れていた北上川の付け替え改修工事が行われたことにより造り出された。この農地を利用し，米作りが盛んな土地柄となった。

　麹（こうじ）の製造は時間のかかる技術の必要な作業だったが，島津麹店では麹を作り始め，代を継いだ。1963（昭和38）年に発表された宮城の米ササニシキが島津麹店の麹菌との相性や製品のバランスも良かったので，現在でもササニシキの1等米を原料として製品化している。麹菌と米から米麹を作り，糀（こうじ）飲料や宮城県原産のミヤギシロメ大豆を原料とした味噌づくりを生業としてきた。近年，農業者人口の減少や廉価な味噌がスーパー等で流通販売されることによって，純正な仕込み味噌の販売量は減少した。10年程前に隣家の火災の類焼によって工場を全焼した。立て直した建物で製品の製造・営業をしていたが，東日本大震災により，工場が津波の汚染水に浸水してしまい，昔から使用していた道具などはほとんど使えなくなった。損壊率は80％だった。

b．災害時の状況や影響　震災時は1.5mほどの高さまで浸水し，味噌や麹製造具は失われ，木桶も泥で汚れた。洗浄しても使用は不可能であったし，きれいにしたつもりでも，外気からほこりとともに雑菌が混入してしまうため，復興はあきらめていた。しかし，国のグループ化補助事業や多くの支援で営業の再開を決意し，現在は生産レベルが少しずつではあるが増えてきている。また，土壌の洗浄が進み，2013年11月頃から自信をもって生糀を提供することができるようになり，工場と店が再開できた。

c．新たな取り組み　石巻専修大学を卒業後，東京や千葉で5年間働いていた長男が石巻に戻り，震災後には島津麹店の六代目（当初は「六代目見習い」）として働き始めた。震災前は仕込み味噌が販売額の8割を占めていたが，震災後は生糀を利用した新低温発酵技術によるフレッシュな「飲む糀」を新たに開発した（商品名「華糀」）。そのほかにも，「味噌」や「紫麹（しょうゆ麹）」，「潮麹」を製造し，他の食材や料理への活用など新しい商品開発の試みに取り組ん

図4-9　島津麹店

でいる。さらに「華糀」については，他団体とも連携を図り，石巻専修大学や東北大学などの指導による幼児や学童への栄養補給，介護食やアスリート食への活用の可能性探索，伝統を踏まえた神社・仏閣での活用，オリンピックを見据えて外国人観光客らに日本伝統の「華糀」をウエルカムドリンクとして提供する可能性，乳製品との相性の良さを生かした麹ロールケーキの販売などいろいろな取り組みが計画されている。また，麹と糀との違いの理解をはじめとして，消費者に麹／糀を知ってもらうために工場見学も含めた教室を開催しており，糀を飲料や調味料として広めていきたいという意気込みを感じることができた。このように，伝統を踏まえつつ現代の生活に麹および糀の活用を浸透させていきたいとする心意気が，震災を乗り越え，伝統を継承していく力となるであろう。

3）割烹　滝川

a．歴　史　　滝川[2]は1914（大正3）年に創業し，うなぎや釜飯を中心に会席料理を提供してきた。戦時中に店舗解体の命令があり，それに従ったが，戦後に改めて店舗が建てられた。震災では天井を超える津波により建物が全壊したが，被災後間もない5月には仮店舗での営業を開始した。その後，2013年に店舗が改修され，以前と同じ場所で営業している。

b．災害時の状況や影響　　厨房で仕事をしていたが，立っているのが困難になり，柱につかまっていた。揺れが収まったときに従業員には貴重品を持ってもらって集合場所を決め，別れた。車で店内や海のようすを見に行ったりした。その後，家族や従業員と日和山で合流した。店の損害はひどかったが，看板

2．生活文化の継承に向けた活動　135

図4-10　割烹滝川

も残っていたことや，これまで先代から築いてきたものを終わらせたくなかったため，すぐに再開を決めた。5月には近所の鮮魚店の店内で営業し，8月にはホテル内での仮営業で会席料理や仕出し料理を提供しつつ，「またあの場所で再開したい」という思いで元の場所での再開準備に取り組み，再開を果たした。

　c．新たな取り組み　　震災後は地元の特産物のトマト，セリ，牡蠣，茂洋牛などを使った丼を新たに開発し，「復興丼」として販売を行った。

　2013年6月，元の場所で営業を再開した。震災前は座敷であったが椅子席とし，少人数用の個室やカウンターも新設した。創業以来のうなぎや釜飯をはじめ，リーズナブルな昼膳，地場の食材を生かした会席コースを提供している。以前からの接待や会食だけでなく，少人数のグループや観光客も訪れやすい店となっている。また，被災した明治時代建造の土蔵を敷地内に移築し，多目的ホールとして交流の場を増やす試みも行っている。

4）お魚の店　魚長

　a．歴　史　　魚長は，1948（昭和23）年に店舗を構えて営業を始めた。当初，顧客は料亭と一般客だけだったが，次第にレストランや寿司屋なども顧客となり，大衆魚から高級魚まで幅広く販売するようになった。高度成長期とともに取扱量も増大し，毎日忙しい日々であった。当時の石巻管内では60店舗ほどの魚屋が商売をしていたが，現在では10店舗くらいになっている。

　b．災害時の状況や影響　　店舗兼住宅の店は天井近くまで浸水し，商品や設備，車両4台は損失した。2011年7月1日より営業を開始したが，石巻市場が

以前の店構え　　　　　　　　　　新しい店舗

図4-11　魚長

開いたのは7月12日からだったため，当初は仙台市場からの仕入れであった。営業再開とともに震災前の顧客はほぼ全員戻ってきている。被災直後は放射能汚染の風評被害があって苦労したが，現在ではそれも少なくなってきている。

　c．新たな取り組み　　多様化する顧客の要望に応えるために，一般家庭への個別配達，魚の味噌漬けやしょうゆ漬けなどの加工，焼き魚の販売などを行っている。また，病院食には骨抜きをした魚を納品するなど個別対応を行うようにしている。さらに，顧客との対話を心がけ，魚の料理方法などの情報提供を積極的に行い，コミュニケーションをはかっている。

（3）地域と結びついた商いをする店
1）観慶丸本店

　a．歴史　　江戸時代，創業者は千石船の船頭として雇われ，伊達藩の米を千石船に載せて江戸まで運搬していた。当時，米を降ろして空になった船底には江戸で仕入れた愛知，京都，石川，佐賀などの焼物を積んで帰ってきたので，石巻には斬新なものが多く見られた。そうした帆待ち荷物（船頭裁量の積荷）を元手にして商売を始めた。現在の観慶丸本店は陶器を扱う店である。

　鉄道が通ることで石巻の海運業は廃れていった。戦後は漁業が盛んであったので，顧客には船主や漁業会社の社長が多かったが，漁業が衰退するにつれて高級品の売り上げは減少した。震災後は商品を平準化し，海外からも仕入れを

図4-12　観慶丸本店

行い，一般家庭の人を対象とした営業を行っている。

b．災害時の状況や影響　社長は外出中であったが，地震直後に帰店。店舗脇の路地の細くなったところから津波が滝のように流れ込むのを見ていた。5階建店舗の1階の天井近くまでが浸水し，商品や貴重な収蔵品も多数破損した。1階の床にはヘドロが30cmほど積もっていたが，「ピースボート」のボランティアの支援を得て清掃をした。

c．新たな取り組み　自前の店舗であることから，自分たちのペースで無理のない経営ができ，商品へ十分な投資をしている。アフリカやアジアの手工芸品など，生活雑貨の扱いも増やしている。

長女夫婦が石巻に戻り，金融機関に貸していた本店向かいの店舗を改装して，2014年4月にギャラリースペース「カンケイマルラボ」をオープンした。カンケイマルラボでは，特定の作家にスポットを当てた展示会を毎月開催するとともに，展示会のオープニングパーティーで作家と地域の人々との交流をはかっている。

2）中村サイクルセンター

a．歴　史　1951（昭和26）年に門脇町3丁目日和山表登り口で創業し，その後1988（昭和63）年に門脇町5丁目に移転した。震災時には，移転に伴うローンがまもなく終わる予定であった。震災後は仮店舗を経て，2015年に新蛇田防災集団移転団地内に移転した。

b．災害時の状況や影響　夫婦とも店にいて，かつて経験したことがないほどの激しい地震に襲われた。すぐに避難の準備をするため靴を履いたまま2

階に上がってみたが、リビングに置いてある食器戸棚や書庫などが倒れ、中の物が散乱していた。寒かったので防寒具を着込んで最小限の物を用意し、店舗のシャッターを降ろして、電気のブレーカーを落とし、玄関の鍵を閉めて外へ出た。

　地震直後に津波が来ることはある程度予測はしていたが、まだ時間があると思い、近所の人たちに避難するよう二人で声掛けをし、妻は隣人と津波が押し寄せる1分くらい前に高台に上っていた。店主は向いの1階の屋根の上やその脇からバリバリと音をたてて押し寄せる大津波が迫ってくるのを見ながら全力で走って逃げ、間一髪で助かった。その1分ほど後、少し小高い丘から店舗のほうを見下ろすと2階付近まで津波が来ていたのを確認できたが、波しぶきと物凄い勢いで迫ってくる津波に圧倒され、恐ろしくてその場から早く逃げることだけで精一杯だった。

　その日の夜、避難した石巻高等学校で門脇町5丁目は火災により全焼したと消防団の方から聞かされると同時に、この山の手一帯も延焼の恐れがあるので他所へ移動する必要があると言われたが、幸いにして風向きが変わったので何とか延焼を免れた。この学校の避難所で1か月半を過ごした。石巻高等学校には5か所くらいの建物に分散した避難者が1,000名ほどいた。避難所で風邪が蔓延し、店主は肺炎を発症して入院した。その後は避難所に帰らず、アパートに入居し、仮店舗は親戚の店を借りて営業した。

　震災直後は従来からのお客さんの支えや、NPOからの依頼もあり、被災した同業者4店と一緒に高等学校への納品、震災前からの顧客である大手企業への

図4-13　中村サイクルセンター

納品や修理をして営業を行うことができ，昔からの温かいつながりを感じた。顧客データは震災で損失したが，人のつながりを通し，データを作り直している。

　ｃ．新たな取り組み　　2015年12月23日に新蛇田防災集団移転団地内に移転したが，門脇町や仮店舗のときと同様に，自転車を愛する人たちが集まる場となっている。スポーツ車を中心に，ファミリータイプの自転車にも対応できる店舗を目指している。店の前は車が4台ほど駐車できるようになり，ゆっくりと商談できるようになった。新店舗の周辺は新興住宅地で子どもも多く，近くには中学校や高等学校もあるので，新車の販売や修理などに対応できる可能性も大きい。営業方針として，価格はもちろんのこと，技術力と信頼性にも重点を置いた取り組みを目指している。

（4）伝承芸能：雄勝法印神楽
1）雄勝地区における法印神楽
　ａ．雄勝法印神楽の特徴　　600年以上も前の室町時代から伝えられてきた石巻市雄勝(おがつ)地区の『法印神楽(ほういんかぐら)』は大浜葉山神社，熊沢五十鈴(いすず)神社，大須八幡神社，桑浜羽坂白銀(しろがね)神社など雄勝町内各神社の例祭で舞われてきた。その内容は明治新政府の神仏分離令（「神仏判然令」ともいわれる1868（慶応4）年3月の太政官布告）と修験道廃止令（1872（明治5）年）までは真言宗や天台宗という密教系仏教と日本古来の山岳信仰とが結び付く祈祷色の濃い神楽として舞われたが，現在では古事記や日本書紀の物語に変わっている部分も多くある。しかし，雄勝地区の法印神楽は他の法印神楽では行われなくなった，釜で湯を煮えたぎらせながら無病息災や五穀豊穣を願う「湯立の神事」を継承しており，舞型などにも修験色の古風さを残している。

　ｂ．住民にとっての神楽　　雄勝に生まれ育った人たちは小さい頃から各地区の神社の春季・夏季の例祭で舞われる神楽を見て育ち，神楽は身近で日常的な生活のひとつであった。雄勝では船乗りが多いために次男や三男は中学を出るとすぐ船に乗るか，集団就職で雄勝を離れる場合が多かった。そのため，学校の教員や公務員，硯の職人などとして地元に残った人たちが中心になって雄

勝法印神楽を継承してきた。

　雄勝を出た人たちも祭りの時期になると故郷に帰り，神輿の担ぎ手となった。また，神楽の演目のひとつである『産屋』の演じ手に孫やひ孫を抱いてもらうと丈夫になるという言い伝えがあることから，雄勝に戻った人たちも健康への願いを込めて神楽に参加してきた。

　c．伝　承　雄勝法印神楽の保存および伝承は「雄勝法印神楽保存会」が中心になって行っている。この保存会は1912（大正元）年に「十五浜神楽団」として結成されたもので，1976（昭和51）年には現在の組織に再編して伝承活動を続けている。構成メンバーは20歳代や30歳代の若手を含んだ約20名から成り，震災により雄勝を離れた人たちもメンバーとして活動を行っている。

　雄勝法印神楽が1996（平成8）年に国の指定重要無形民俗文化財になってからは，雄勝地区の小・中学校の子どもたちも特別活動や総合的な学習の中で神楽を覚える機会があったが，子どもの減少によってこれらの活動の実施は困難になっていった。しかし，将来にわたって神楽を子どもたちに継承していきたいという思いから子どもたちへの神楽の指導が続けられ，継承の努力は現在もなされている。

　伝承芸能は伝承される間に，太鼓や笛の手を教わるほうも教えるほうも忘れたりして，徐々に変化するが，雄勝法印神楽では太鼓を2管使うので2名の演奏者のリズムがぴったりと合わなければならず，そのために太鼓の手も次の世代へときちんと伝わっている。したがって，雄勝法印神楽は比較的正確に古形を伝えているといえる。

　このようにして600年もの間，雄勝法印神楽は地元の人々の伝承の努力により続けられてきたが，震災以前から祭りの開催回数は減少してきていた。震災は祭りの開催そのものや神楽の伝承の困難さにさらなる拍車をかけたといえる。

2）津波で失ったもの

　雄勝では神楽の面や衣装，小道具などを大浜葉山神社と石神社に保管していたが，その多くを津波で失った。津波の被害を免れたものは，たまたま神社の拝殿に展示していた姫用の女形の新しい千早（神事の際に用いられる衣装）1枚，

2．生活文化の継承に向けた活動　141

はかま，あまり使わない面，小道具，新しく彫るために宮城県蔵王町に依頼していた面などが残っただけで，ほかはすべて損失した。そこで，雄勝法印神楽保存会を中心に面や衣装の復元や修復に向けた取り組みが進められた。

　a．面　　雄勝法印神楽が国指定重要無形民俗文化財であったため，すべての面の写真が残っていた。この写真をもとに，県の文化財保護課や文化庁に相談して，京都の美術院の国宝修理所に面の復元を依頼した。美術院へ依頼する前に石巻の能面教室に面の再生を依頼したが，能面の憂いを含んだ「陰」の表情と，祭りの中で舞われる神楽の「陽」の表情の違いから，美術院へ依頼することになった。

　美術院へ面の作成を依頼するにあたっては，見本となる面が残っていなかったので，写真やビデオを資料として提供した。さらには美術院の方が雄勝まで来られて，保存会メンバーの記憶を元に目の前で彫るなどの支援がなされた。このようにして雄勝で彫られた面を見本として，その後，写真でのやり取りを何回も重ねることで，以前とそっくりな面を復元することができた（図4-14）。

図4-14　復元された神楽面

　b．衣装　　小・中学校において雄勝法印神楽保存会が指導を行っていた折に用いていた衣装が小・中学校に残っていたので，これを見本として神楽衣装の復元を行った。

　雄勝の法印神楽で使用する千早衣装は子どもが生まれた記念や成長への祈願などのために，おばあさんやお母さんが仕立てて各神社に寄贈していた。千早衣装は家庭でも製作可能な比較的簡単な縫製であり，背と前垂れは帯の生地，袖は着物の生地から作られていた。昭和40年代までは，中学を卒業すると地元にいる女性は1年程度裁縫学校に行ったり，個人的に3～4人くらいを教えるお裁縫の稽古に通ったりしたので針仕事ができる人がほとんどであった。毎年の神楽の衣装を見たり，神楽をしている家の婦人に聞くことができたりしたの

で衣装製作は難しいことではなかった（図4-15）。しかし，現在の雄勝には日常的に裁縫をする人や神楽で使用していた衣装を覚えている人がほとんどいなくなってしまっている。

東日本大震災の後，神楽衣装の復元にあたって袖の部分の着物地を用意しようとしたところ，震災以前に雄勝の方々が購入先としていた石巻中心市街地の呉服店は閉店していた。雄勝の人々は，この呉服店で店主と相談しながら帯や着物地を購入していたが，呉服店も津波の被害

図4-15　神楽衣装

を受け，後継ぎがいないということで再開することはなかった。津波によって衣装や道具を失っただけではなく，和服文化の衰退に拍車がかかったともいえる。

以上のような状況であったため，神楽衣装の復元については岩手県の南部神楽の衣装を手がけている岩手県北上市にある呉服店にかろうじて残っていた千早衣装と写真を資料として製作してもらうことになった。袖となる着物の絵柄は決まった柄があるわけではないが，これまでの衣装と比較すると柄の大きさなど少し雰囲気が異なるところはあるものの，神楽衣装を復元することができた。

3）雄勝法印神楽の復活

雄勝法印神楽の復活のためには祭りを準備する者，神輿の担ぎ手，祭りを開催しようとする地域の人々の意欲が必要である。この点に関してはボランティアや支援金を募ってくれた人々，地元を離れて久しい雄勝出身者たちの大きな支援があった。

a．雄勝法印神楽の支援者たち　雄勝法印神楽復活のための資金は文化庁の国庫補助事業として災害復旧補助事業から国庫補助金および震災復興基金，公益社団法人日本ユネスコ協会連盟による無形文化を未来に引き継ぐための「東日本大震災文化復興支援」への呼び掛けに応じた日本テトラパックからの支援金，さらに漫画家の岡野玲子氏によるブログでの支援の呼びかけにより集められた支援金を活用した。

2. 生活文化の継承に向けた活動　143

　日本ユネスコ協会連盟は支援金だけではなく，震災の年の10月9日の鎌倉にある鎌倉宮での神楽開催の支援をした。また，雄勝を長年離れ東京近郊に住む雄勝出身者は同年10月15日の東京豊島区での公演の支援を行った。このように震災後の多くの場所での公演は雄勝法印神楽保存の意義についての理解を広める機会となり，雄勝法印神楽を復活したいという機運が高まっていった。

　b．ボランティアの力　　神楽は神社の祭りの際に奉納されるので，祭りの準備や当日の神輿の担ぎ手など，多くの人手を必要とする。しかし，震災後はその人手がない状況であった。このような状況の中で，「雄勝の復興のために祭りをしたい」という声が，雄勝町の中でも人と人とのつながりが強いといわれていた立浜地区で上がり，それに呼応する形でボランティアの人たちが支援を申し出た。その結果，震災の翌年の2012年には大須八幡神社や桑浜羽坂白銀神社で祭りが再開し，雄勝法印神楽の復活への大きな第一歩となった（図4-16）。

　その後，2013年，2014年とボランティアの人たちの力を借りて祭りは続き，祭りを開催する地域も大浜葉山神社と熊沢五十鈴神社が加わるなど，少しずつ増えてきている。このように，東日本大震災被災後の祭りや雄勝法印神楽の復興においても地域におけるコミュニティ形成や人と人とのつながりが大きな力になっていることがうかがえる。

図4-16　白銀神社例大祭のようす

引用文献
1) 石巻市：石巻中心市街地活性化基本計画（案）　平成27年1月，p.15，p.18，2016.
2) 石巻芽生会：料理店の震災談義，p.18，2014.

参考文献
・石巻地区文化協会連絡協議会：石巻地区（平成21年度）『伝統・伝承芸能記録保存』，pp.6-8，p.19，2010.

3．石巻市の復興にみる新たな胎動

（1）若者が住まいとまちを再生する

　2015年5月30日に仙台から石巻に至るJR仙石線が全線再開し，同時に仙台と石巻を一部東北本線経由で結ぶ新たな仙石東北ラインも開通し，石巻駅は再び活気を取り戻した。駅前には，海岸近くの南浜町にあって津波で使用不能となった石巻市立病院が移転・再建され，2016年9月1日より診療を開始した。災害復興住宅への入居も2016年4月末で市街地部39地区2,328戸，半島沿岸部21地区110戸と進んでいる。これらは東日本大震災最大の被災都市となった石巻市の復興を象徴する出来事であり，過酷な経験をしてきた石巻の人々に一筋の明るい光を投げかけている。

　そうした目に鮮やかに映るインフラの復旧・復興とともに，東日本大震災という悲劇をバネにした，震災前の石巻市にはなかった新たな動きがみられる。「若者」，「新たなライフスタイル」，「既存資源の活用」等のキーワードで表現できる動きである。当初は復興におけるエピソードの断片に見えた個々のプロジェクトが，震災後5年を経て，緩やかに，しかし密度濃くつながって，復興の時間経過とともに水の輪のように広がり，石巻という地域に根を下ろそうとしている。

図4-17　仙石線・仙石東北ラインの開通

図4-18　建設中の石巻市立病院とささえ合いセンター予定地

こうした動きは，日本各地で起こっている下からの地域再生のさまざまな動きと共振している。同時に，石巻市のこうした動きが他の被災地や被災していない地域の新たな再生の試みと響き合い，それぞれ個性的ではあるが，普遍的な地域再生の手がかりを示しているようにみえる。中には社会実験のような危うさも含み，うまくいかずに消えていったものもあるだろうし，見渡せばさらに多くの動きが広がっているのかと思う。

では，地域の呼吸を感じるこれらの動きは被災した市民の「復興」にとってどういう意味があるのだろう。そして家政学の視点からみた「生活再建」という文脈でとらえた時に何を生み出しているのだろう。いや，何よりもなぜ実現したのであろう。本章では石巻市の復興にみられるこのような新たな胎動の中から，居住空間との接点でみられるプロジェクトを例にとって探ることにする。

（2）芽生え―若者が動く

東日本大震災最大の被災地となった石巻市には全国や海外からのボランティア約30万人が駆け付けた[1]。ボランティアの受け入れに苦慮する自治体がある中で，これだけの人数を受け入れることができたのは，震災直後から11月末まで，石巻専修大学構内を借りて災害ボランティアセンターが開設されたことが大きく，その後2014年3月末までは旧石巻勤労者余暇活用センター「明友館」にボランティアセンターが置かれた。

この膨大な人数のボランティアの人々の中には，石巻に必要とされている自分を発見したり，ヨソモノの目から見た石巻の魅力に気づいたり，自分が提供できる専門的知識や技術があることを自覚して，以後も石巻にかかわり続け，そのまま住み着いた人もいる。それらの人々は比較的自由に動ける若い世代が多かった。70歳を超える現役漁師が活躍する石巻では，40歳代までの人々は十分に「若者」であり，こうした「若者」が震災後に動き出したのである。

石巻で生まれ育った人の中には，後述する牡鹿半島蛤浜の亀山貴一さんのように，浜が好きでたまらない人もいれば，ISHINOMAKI2.0代表の松村豪太さんのように，震災前までは「石巻がつまらなくてしかたがなかった」という人

もいる。地方都市にありがちな，年配者がすべてを取り仕切り，若者の意見が反映されない保守的な雰囲気が石巻市にもあったからだ。こうした地元の人々が，ボランティアで石巻にやってきた多様な人々と出会い，改めて石巻の価値に気づいた。やれることはたくさんある。

　石巻市は北上川と広い平野と，そして牡鹿半島や雄勝地域の山の恵みや海の幸を堪能できるまちである。江戸時代には伊達藩（仙台藩）下で北上川の水運と千石舟の海運で栄えたまちでもあった。近代以降は水産業と商業集積地となり，戦後は紙パルプ工業や造船業等が立地する沿岸工業地帯となる。こうした歴史的経緯を掘り起こし，再生する作業は震災を機に石巻にやってきたヨソモノにとっては謎解きに似た面白さがある。

　石巻に以前から居たかどうかにかかわらず，石巻の魅力に気づいた人々によって，これまで石巻にはなかった創造的な活動が震災を契機に自力で，あるいはさまざまな人的支援や資金援助を得て実現してゆくことになる。こうしたいくつかの流れの先に，「若者」による石巻再生のさまざまな活動が登場した（表4-2）。このような活動のいくつかを紹介する。

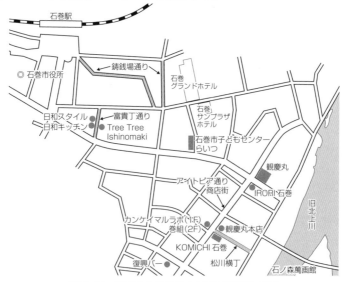

図4-19　石巻中心市街地と関連団体所在地図

表4-2　本節で取り上げる諸団体（紹介順）

名　称	設立時期	代表者	キャッチコピー等（抜粋）
一般社団法人 ISHINOMAKI2.0	2011/5	代表理事 松村豪太（地元） 共同代表 阿部久利（地元）	石巻をバージョンアップしたい。震災の前の街に戻すのではなく，新しい未来を作りたい。
合同会社巻組 (Makigumi LLC)	創業 2014/4	代表社員 渡邊享子（Iターン）	地域にインパクトを与える人材の育成・移住促進。そのための場づくり。
日和キッチン	2013/4	オーナー 天野美紀（Iターン）	石巻の伝統料理・家庭料理や牡鹿半島のジビエ料理を提供するレストラン。
日和スタイル	2016/4	日和スタイル経営 佐々木麻衣（Uターン）	石巻内外の多くの人が「石巻暮らし/食・住・衣」の魅力に触れる新しい場。
Tree Tree Ishinomaki	2015/3	店主 林貴俊（Uターン）	立町に賑わいを。震災の風化を防げたら。
一般社団法人日本 カーシェアリング協会	2011/7	代表理事 吉澤武彦（Iターン）	カーシェアリングを通して被災地支援を行いながら，新しい車文化を目指す非営利の組織。
一般社団法人はまのね Café はまぐり堂	2013/3	代表理事・店主 亀山貴一（地元）	隠れ家で過ごす，自分だけの浜時間。蛤浜再生プロジェクト。
公益社団法人 MORIUMIUS	2015/7	代表理事 立花貴	雄勝の森と海と明日へ。町がより豊かに，強くなってゆくきっかけをつくる複合体験施設。

（3）合言葉は「世界で一番面白い街をつくろう」
ISHINOMAKI2.0

　震災後の5月という早い時期から動き始めたのがISHINOMAKI2.0である。高圧洗浄機でヘドロを洗う「ヘドロ洗い隊」をやっていたNPO法人石巻スポーツ振興サポートセンターの松村豪太さんがブログで活動を紹介すると，全国各地から多くの人々が集まるようになり[2]，共鳴する阿部久利さんと松村さんが共同代表となってISHINOMAKI2.0が発足した。ISHINOMAKI2.0の名称はweb2.0に由来し，送り手と受け手が流動化し，誰でもがウェブを通して情報を発信できるように変化したWEBと活動とを重ね合わせている。
　2012年2月には一般社団法人化し，松村さんが代表理事，阿部さんは共同代表・理事になった。設立にあたっては建築家の西田司，芦沢啓治，東京工業大学の真野洋介，クリエイティブカンパニーのWieden+Kennedy Tokyoの飯田

昭雄らがコアメンバーとしてかかわっていた。芦沢さんはISHINOMAKI2.0と同時期に企画されていた石巻工房を立ち上げている。

　震災の少し前にNPO法人石巻スポーツ振興サポートセンターにかかわるまで石巻を「つまらない」と思っていた松村さんが，震災を契機に「ありとあらゆるネットワークをフラットに構築し」，多様な情報の発信と受け取りを通して面白い人や面白くする人とつながり，「世界で一番面白い街をつくろう」という発想に転換している。それからのISHINOMAKI2.0の活動展開には目を見張るものがある。被災から2015年までのプロジェクトでホームページに掲載しているもの（表4-3）を見ると横文字のプロジェクト名が多い。震災前までのものとは違うというニュアンスを含んでいるからだろう。

　最初の頃はさまざまな人々にさまざまな場所を，被災した建物を自分たちで改修するなどして提供した。復興バー，IRORI，コミュニティカフェ・かめ七，金曜映画館，石巻・まちの本棚などである。情報提供にも精力的に取り組んでいる。2.0エクスカーション，ラジオReal VOICE，手作りCM，石巻経済新聞，石巻VOICEなどである。2013年頃からは，コミュニティ形成にかかわる活動にもかなり取り組んでいる。2015年には石巻市地域協働課から復興公営住宅でのコミュニティ形成支援事業の委託を受けた。

　さらに，子どもを対象にしたプロジェクトとして，子どものまち・いしのまき，いしのまき学校，移動式遊具開発があり，住まいにかかわるプロジェクトとしては，2.0不動産，石巻移住ガイドがある。国の「地方創生」の流れにも乗って，「みやぎ移住・定住推進県民会議」第1回会合で松村さんが講演を行っている。

　2016年5月段階でホームページに掲載されているプロジェクト数は24だが，田久保の著書（2014）では，すでに40を超えているというから，この倍近くあることになる。例えば，ホームページに掲載されていないものに2012年2月に開設した「復興民泊」がある。震災後に空家や空室を借りて自分たちで改修して，素泊まりで，食事はまちの飲食店で楽しんでもらう仕組みになっている。安い宿泊費でボランティアや復興に関係する人々に提供したものである。

ISHINOMAKI2.0発足時の呼びかけ段階から参加した人々の中の千葉隆博さんは後に石巻工房の工房長となり、天野美紀さんは日和キッチンや日和スタイルを立ち上げている。このように、ISHINOMAKI2.0を母体として次々に新たなプロジェクトや活動主体が立ち上がり、「世界に通じる新しいプロトタイプ」をつくろうとしている。

図4-20　ISHINOMAKI2.0の「IRORI」

表4-3　ISHINOMAKI2.0が取り組んだ主なプロジェクト

プロジェクト名	開始時期
復興バー[1]	2011/7
STUND UP WEEK	2011/7
2.0エクスカーション[2]	2011/7
ラジオReal VOICE[2]	2011/10
IRORI石巻[1]	2011/12
手作りCM[2]	2012/3
コミュニティカフェ・かめ七[1]	2012/4
石巻経済新聞[2]	2012/4
石巻VOICE[2]	2012/7
子どものまち・いしのまき	2012/12
ISHINOMAKI金曜映画館[1]	2012/12
みちのく潮風トレイル	2013/4
2.0不動産[3]	2013/4
石巻・まちの本棚[1]	2013/4
いしのまき学校	2013/6
復興バー銀座[1]	2013/6
地域自治システムサポート	2013/7
コミュニティプロジェクトの種	2013/7
いしのまきトラベルレストラン	2013/11
移動式遊具開発	2014/3
シビックプライド	2014/8
復興公営住宅入居におけるコミュニティ形成支援	2015/6
Reborn-Art Festival	2015/7
石巻移住ガイド事業[3]	2015/10

[1] 共同の場づくり　　[2] 情報提供　　[3] 住宅系プロジェクト
（ISHINOMAKI2.0ホームページより作成、2016年6月閲覧）

（4）暮らしの場をクリエイティブにデザインする
1）さまざまなプロジェクトを手がける巻組

ISHINOMAKI2.0から派生した組織の一つが合同会社巻組（Makigumi LLC）である。2014年に活動を開始していたが，設立は翌年である。東京工業大学の真野洋介研究室出身で，元日本学術振興会特別研究員である渡邊享子さんが代表社員である。石巻を研究のフィールドとして，ISHINOMAKI2.0にかかわり，結婚して石巻に住むことになった。Iターン移住者の象徴的存在である。

巻組が行ってきた活動成果の代表的なものは，既存の建物を自分たちでリノベーションして活用するというもので，ボランティア等で訪れた若者用の千石町ハウス，SHARED HOUSE八十八夜，SHARED OFFICE THE NICKなどがある（表4-4）。しかし，巻組は住宅系のプロジェクトだけでなく，暮らしの場のクリエイティブ・デザインから総合的ビジネスのインキュベーションを軸とした「地域にインパクトを与える人材の育成・移住促進，そのための場づくり」を展開している。

表4-4 巻組が実施した主なプロジェクト

プロジェクト名	開始時期	概　要
千石町ハウス*	2013/5	石巻で長期的に活動を始める若者のために小さな家をリノベーションした。おしゃれな家に生まれ変わった。
SHARED HOUSE八十八夜*	2013-2014	老舗のお茶屋さんの2階を高校生や石巻の若者たちと手作業でリノベーションした，5人が共同生活できるシェアハウス。設計・施工を行った。
石巻ハロウィン祭り	2014/10	石巻市子どもセンター主催。商店街の各店舗が参加。巻組は企画，運営，広報，宣伝ツールのデザインを担当。
SHARED OFFICE THE NICK	2015/2	八百屋の2階にある大中小3部屋の和室をDIYで修繕。さまざまな人が使えるクリエイティブスペースにした。
橋通りCOMMON	2015/4	歴史ある中心市街地の橋通りに新たな賑わいやカルチャーを生み出すプロジェクト。運営は街づくりまんぼう。
TRITON PROJECT	2015/7	漁師の担い手を地域外から受け入れるための住宅づくりのプロジェクトを（一社）フィッシャーマンジャパンと協働。2拠点の改修を担当。
COMICHI石巻*	2015/9	石巻に来た若い世代と，以前からの横町（よこまち）の住人が一緒に暮らせる横丁を建設した。巻組は事務局とネーミングとブランディングを担当。

＊住宅系プロジェクト

（巻組ホームページ掲載情報およびインタビューにより作成）

2）COMICHI石巻プロジェクト

　複合施設のCOMICHI石巻（以下，COMICHI）は，巻組がネーミング，ブランディング，広報を担当しており，施設内のテナントを管理しているまちづくり会社の事務局運営やシェアハウスの空室管理も巻組が行っている。

　COMICHIは，津波により甚大な被害を受けた中心市街地の旧北上川に近い松川横丁の沿道の居住者や商店主等で始めた勉強会が元になって，4名の権利者によって建設された共同化建物である[3]。松川横丁は，400年前から旧北上川の舟運で栄えた歴史的地域にあるが，近年は中心市街地衰退の波にさらされ，津波によりアイトピア通りに近い店舗併用住宅2戸は全壊し，駐車場になっていた。

　2015年9月にオープニングセレモニーを開催したCOMICHIの1階には，被災店舗を含むレストラン3店が入り，2階は賃貸のシェアハウス「COMICHIの家」（シェアルーム7室，共同のリビング・浴室・洗面・トイレ）と地権者住宅，3階は一般の賃貸住宅と地権者住宅が併設されている。1階店舗のオーナーとして「LLC Myラボ」を立ち上げ，賑わい創出のソフト活動を行っている[4]。

　「COMICHIの家」は，共同で住むことに価値を見出す若者に集まってもらいたいとして，18〜40歳の男女で「共同生活にむけて，積極的なコミュニティづくりを行ってくださる方」，「石巻ならではのライフスタイルを一緒に考えて発信してくださる方」等を入居条件にあげている。

　松川横丁再生事業はISHINOMAKI2.0の活動と重なる。ISHINOMAKI2.0の共同代表であり，松川横丁沿道の商店主阿部久利さんは震災前に旅館を閉じてレストランに改装して間もなく被災した。改装に携わった建築家西田司さんから真野洋介東工大准教授を紹介され，被災3か月後から「松川横丁の再建を考える勉強会」が始まった。

　若者の意見を聞くために松村豪太さんに会い，そこからISHINOMAKI2.0が生まれた。勉強会や事業の打ち合わせは地権者である割烹八幡家女将の阿部紀代子さんや横丁に面する観慶丸本店，近隣住民等さまざまな人を巻き込んで行われた。2012年には設計管理と事業計画を作成する野田明宏さんが参加した。

図4-21　COMICHI石巻外観
（左側の建物）

図4-22　「COMICHIの家」の
共同リビング

　横丁には建築制限がかかり建物の再建は難しかったが，国の優良建築等整備事業の補助枠が拡大され，これらを使うことで実現した。
　COMICHIは"横丁からふたたび，あたらしい「マチ」をつくる―3.11からの共同化再建プロジェクトCOMICHI石巻―"として2016年度日本都市計画学会計画設計賞を受賞した。

（5）空家活用・道の復元――そこに新たな文化を創造する

　第二次世界大戦の空襲を免れた石巻の市街地には大通りに面して路地や小道がたくさんあり，抜けてゆくのが楽しい。このような道を人々の交流の場に復元する試みが富貴丁通りでも取り組まれている。

1）日和キッチン

　石巻駅につながる鋳銭場通り（仙台藩直轄の貨幣鋳造所を鋳銭場と呼んだ）と立町大通りを結ぶ路地，富貴丁通りが日に日に活気を帯びている。この通りは1960年代後半から70年代が賑わいのピークで，当時は薬局や美容院，海産物店に八百屋，喫茶店などに加え，洋服店も複数並び，富貴丁にゆくこと自体がおしゃれとされたという[5]。それがこの30年の間に中心市街地の衰退とともに富貴丁の賑わいも消えていった。
　今日，立町大通りから富貴丁通りに入る角には外壁に石ノ森章太郎のキャラクターが躍る美容院があり，豊川稲荷，みんなの図書館（2016年末まで）があり，赤い戸枠が鮮やかなカットハウスもある。この中でひときわ目を引く不思議な

デザインの木造長屋の一つが2013年4月開店した「日和キッチン」である。

日和キッチンは「石巻の伝統料理・家庭料理や牡鹿半島のジビエ料理（狩猟で得た天然の野生鳥獣の食肉料理を意味するフランス語）を提供するレストラン」で週末限定で開店している。当初は，オーナーで建築家の天野美紀さんは東京から通っていたが，東京での大きな仕事を終えたのを機に石巻に移り住んだ。ISHIONMAKI2.0が制作した移住ガイド『石巻でくらす』の表紙を飾る移住者だ。日和キッチン向かいの民家に住んでいる。

天野さんは，「よそ者目線で石巻の食文化を新たに開拓すること」をミッションとし，お店の営業は金曜日の「夜カフェ」と土日の「朝ごはん・昼ごはん」である。ボランティアとして石巻に来る前，天野さんは東京都大田区にある築40年の木造住宅8棟の再生「大森ロッジ」の設計管理に携わった。天野さんはかつての日本の住まいにある路地，庭，縁側などの人々との交流空間や気候風土に根ざしたつくりを評価し，リノベーションの意義と技術を体得していた。そうした経験は復興民泊のリノベーションやシェアハウスを造るときなど石巻でも発揮された。

そうして見つけたのが富貴丁通りに面した大正期の古民家であった。「この通りの地主さんである秋田屋さん（現在は5代目）が腕のある棟梁たちに技術を競わせて建てさせた」6)といわれている。しかし，十数年来空家になって老朽化が激しかったところに津波で冠水し，借り手が見つからなかった

図4-23　立町通りから見た富貴丁通り入口（右手の角は富貴丁公園）

建物だ。天野さんはこれをリノベーションして日和キッチンを始めた。日和キッチンは2013年にGOOD DESIGN賞を受賞している。

2）服のお貸し屋さん　日和スタイル

さらに，天野さんは佐々木麻衣さんを迎え，「石巻らしい豊かなライフスタイルを提案する事業」7)として，日和キッチンのある木造長屋のもう一方を使

って2015年5月に「日和スタイル」の立ち上げプロジェクトをスタートさせ,「衣」の部門にも事業を拡大した。日和スタイルの事業計画では,①石巻の衣文化の調査,既存ブランドの発掘,②日和スタイルの取扱商品のセレクト,③オリジナル商品,地元メーカーとのコラボレーション商品の開発等が掲げられている。

図4-24　日和キッチン（手前）と日和スタイル（奥）

　2016年4月に日和スタイルがオープンすると「服のお貸し屋さん」が始まった。「かわいい子（服）には旅をさせよ」がコンセプトで,思い出はあるが着なくなった衣服を提供してもらい,他の人に着てもらうというしくみだ。佐々木さんは,「私たちは衣服を"所有"せず,それぞれ意味のある気に入った服を借りて着るというライフスタイルを提案」し,「石巻のみんなに頼られる,街の箪笥」を目指している。つまり私たちの衣生活にプラスするレンタルではなく,マイナスしながら心豊かに暮らそうというレンタルである。稀にしか着ない晴れ着ではなく,日常着の"所有"を考え直すライフスタイルの提案である。

　1960年代から70年代にかけて世界各地に起こったコミューン運動の中で私有財産を否定し衣服も共有する運動体があったが,日和スタイルは違う。現代の大量消費・大量廃棄の衣生活に対抗する一形態ではあるが,消費者相互で作られた衣服への愛着を高め,その喜びを共有しようという活動なのだ。こうした活動は「"被災地：石巻"ではなく,"楽しむ・出合う・暮らす魅力的な目的地：石巻"に変える街並み再生プロジェクトの第一歩」[7]だとしている。

　2016年4月24日には「日和スタイル」店主の佐々木さんが実行委員長となって,富貴丁通りの車の通行を止めて第1回富貴丁スペタコペタ市を開催した。スペタコペタとは「ああだこうだ」という意味の石巻の方言である。東日本大震災後に富貴丁通りに出店した店主らが実行委員会を結成し,通りの店舗やテントでお薦め商品を提供し,活気のあった石巻のかつての映像も紹介された。

立町大通りの角には，フリースペース「富貴丁公園」ができて，富貴丁等の写真パネルが展示された5)。

3) 石巻こけし　Tree Tree Ishinomaki

日和キッチンの向かいに，2015年3月11日，「Tree Tree Ishinomaki」がオープンした。「石巻こけし」を製造販売する店である。店主の林貴俊さんは1930年に創業した林屋呉服店の三代目若旦那だ。

林さんが立町大通りにある呉服店の隣にこけしの店を構えると，河北新報に「商店街の再生をこけしに託す・石巻の呉服店」（2015年4月17日付朝刊）と早速紹介された。「第57回全日本こけしコンクール」では，仙台商工会議所会頭賞を受賞している。同年9月1日に日和キッチンの天野さんに誘われて富貴丁通りの民家の1階に移った。最初の店も，富貴丁通りの店もリノベーションはすべて林さんの手によるものだ。

大小さまざまな大きさと形のこけしは，石巻の海をイメージした赤，青，白のトリコロールカラーを中心に，顔の両サイドや頭や胴体を魚がぐるぐると回り，「オシャレ」で何とも「カワイイ」。テーマに応じて顔も胴体も絵柄も色も変化し，伝統的なこけしのイメージを超えている。店ではこけしの絵付け体験もでき，オリジナルなこけしを作ることができる。

こけし文化のなかった石巻に新しいこけし文化を誕生させ，他の宮城県や東北のこけしの産地の人とのつながりもできた。さらに多くのイベントや人々とのコラボで，石巻こけしは進化し続ける。Tree Tree Ishinomakiのメッセージは「立町に賑わいを，震災の風化をふせげたら」と明快だ。呉服店も震災で被災し，石巻市の復興への想いは強い。熊本地震が発生した2016年4月14日の後には同じ被災地を励まそうと「くまモンガンバレ絵」のこけしを作って熊本の人々を応援した。

図4-25　Tree Tree Ishinomaki入口

(6) もう一つの車文化　カーシェアリング

　日和スタイルが衣服の所有から自由になるライフスタイルを提起しているとすれば，一般社団法人日本カーシェアリング協会（以下，カーシェアリング協会）は，車所有と車社会に対する挑戦でもある。

　カーシェアリング協会は，2011年4月から活動を開始し，7月15日に正式に設立された「カーシェアリングを通して被災地支援を行いながら，新しい車文化を目指す」非営利組織である。一般社団法人OPEN JAPANのプロジェクトの推進に取り組んでいる。仮設住宅団地等に共同利用する車を確保して，利用者がグループをつくって共同利用する。イベントや買い物，病院に出かけるときには皆で相乗りしたりもする。

　代表理事の吉澤武彦さんは関西で活動していたが東日本大震災を機に福島での支援をした後，石巻でカーシェアリング協会を立ち上げたIターン組である。吉澤さんが石巻でカーシェアリングを始める契機となったのは，阪神・淡路大震災後の仮設住宅で移動の困難を聞いており，石巻でもやってはどうかと提案されたからである。関西等で車を集めて，2011年6月には石巻の仮設住宅でアンケート調査を行い，協会を法人化した7月には最初の車を石巻に届けて本格的に活動を開始した。

　このカーシェアリングは基本的に仮設住宅で実施することにして契約書を作成し，陸運局には無償（経費実費のみ徴収）で行うということで許可をとった。鍵や予約の管理は利用者同士の話し合いで行うルールをつくり，2011年10月に万石浦の仮設団地でカーシェアリングがスタートした。翌年2月になると，石巻市の仮設住宅担当課が必要性を理解してカーシェアリング・コミュニティ・サポートセンターを設立[8]し，カーシェアリング協会がその事業を受託した。2012年の年明けには中古車買取・販売業者のガリバーが最終的に31台提供してくれたことで一気に活動が広がった。

　被災地でスタートしたカーシェアリングは，業界で行われているカーシェアリングとは決定的に違う。その違いは車の利用者どうしが話し合い，助け合い，そこからさまざまな交流とコミュニティが生まれるという「人とのふれあいが

ある」ところにある。また，1960年代以降世界的に起こったモータリゼーションやマイカーに対する批判や，カーフリーのまちづくりとも異なり，車のもつドア・トゥー・ドアの有効性を生かしながらも私的所有をせず，共同利用をしようとするものである。当然のように，カーシェアリングを進めるために各仮設団地を回り，話し合いがもたれる中で，団地自治会の立ち上げにもつながった。

　では，カーシェアリングは復興が終わっても継続できるのだろうか。吉澤さんは「これは共同体モデルであり，企業の私益モデルではないので，期待できると思う」と答えている。日本が超高齢社会に突入し，買物難民や移動困難者の増加が社会問題になっている現状では，有効な移動手法の一つであり，人々の共同性を取り戻す手段でもある。"新しい車文化"といってもよいのかもしれない。

　日本カーシェアリング協会は2016年4月14日，16日に熊本地震が発生すると，19日には九州で車の提供を呼びかけ，22日に熊本に行き，「周辺の県で車を集め，熊本で活用する」作戦で支援した。

（7）半島の浜の再生と森をつなぐ

　牡鹿半島と雄勝半島は東日本大震災の震源地に近く，リアス式海岸の美しい浜は大津波でことごとく壊滅的被害を受けた。牡鹿半島の28か所の浜は帆立や牡蠣，ほや，わかめ等の養殖，あなごやなまこ，いかなご，かれいの漁が，また鮎川浜では捕鯨が盛んで，豊かな海の恵みをもたらしていたが，住民の高齢化率は30％を超え，後継者不足は深刻であり，漁業の存続も危うくなっていた。そうしたときに津波が襲い，後継者問題は以前に増して大きな課題になった。

　震災から半年後の9月30日に全国および海外から建築系大学の学生・院生・教員により結成された復興支援ネットワークの一般社団法人アーキエイドが牡鹿半島のすべての浜に入り，被災状況調査や「牡鹿半島のための地域再生最小限住宅　板倉の家／コアハウス」の提案，漁業の担い手づくりのための漁師学校の開催等の復興支援を行ってきた。半島地域のこうした状況の中での若い人々による2つのプロジェクトを紹介したい。

1）浜の新しい再生のカタチを探る　Café はまぐり堂

　石巻市と女川町の間にある万石浦から牡鹿半島の入口のトンネルを抜けたところに蛤浜がある。震災前は牡蠣養殖，あわび，なまこ漁の浜だった。バス停のところにツリーハウスがあり，浜に出る急な坂道を下って海を見渡せる高台に津波に流されなかった民家を使った「Café はまぐり堂」がある。店主は一般社団法人はまのね（p.66参照）代表理事の亀山貴一さんである。亀山さんは築100年のこの家に生まれ育ち，宮崎大学，石巻専修大学の大学院を出て母校の宮城県水産高校教諭となった。この浜が好きで，結婚してこの家に住んでいた。

　東日本大震災当日，亀山さんは高校にいて無事だったが，妻は実家に行っていて津波で亡くなった。蛤浜は元々9世帯しかない小さな集落だったが，低いところに建っていた住宅は津波によって流され，4戸と集会所が残り，住んでいるのは3世帯になってしまった。高台移転は5軒ないとできず，家を流された人は帰れず，浜は地盤沈下し，いずれ集落は消えてしまうかにみえた。

　失意にあった亀山さんは，残った住民と話すうちに何とかこの浜を残したいという思いが強くなり，「蛤浜再生プロジェクト」を立ち上げる。しかし，この計画の実現は困難をきわめた。ボランティアの人々，特に元NPO法人On the Roadのメンバーとともに瓦礫の撤去から始めた。資金集めが難しいので新築することを諦め，彼らとともに自宅をリノベーションして，Café はまぐり堂を2013年3月11日にオープンさせた。水産高校は退職した。

　現在カフェのスタッフは4人で，当初は災害ボランティアで来た人たちだったが，現在は石巻出身のUターン組が中心だ。浜の魚介類や山の鹿肉，地元の野菜等の食材を生かしたメニューを提供している。後に隣の民家を，ギャラリーを併設した古道具と手仕事のものを販売する店としてオープンしている。こちらはアーキエイドの学生15人が合宿して改装を手伝ってくれた。外のテラスからは浜が望め，眼前の草地には羊が1頭草を食んでおり，のどかな風景だ。

　Café はまぐり堂は口コミで評判となり，オープン以来毎年15,000人前後が訪れるようになったが，亀山さんはお客様一人ひとりにもっとじっくりこの地域を知ってほしいと考えている。亀山さんの目標ははまぐり堂の経営にとどま

3. 石巻市の復興にみる新たな胎動　　159

図4-26　Caféはまぐり堂から蛤浜を望む

図4-27　Caféはまぐり堂入口

らず，持続可能な"蛤浜の再生"にある。魅力ある浜づくりとは伝統を受け継ぎながら新しいものを取り入れ，より良い浜を創ることであり，地域資源を生かした六次産業化（漁業者も水産加工，流通販売にもかかわる形態）と観光・体験を通した交流事業である。

亀山さんは今後多くの人がここを訪れ，住みたいと思えるように，蛤浜の魅力を伝え，地域課題となっていることを事業化したいという。すなわち，①鹿による獣害に対する狩猟・解体・販路の拡大，②環境保全のための間伐材を利用したオーダー家具の制作やマリンレジャー，③産業活性化としての牡蠣のPR，六次産業化の仕組みづくり，④石巻の魅力を発信する物産販売やワークショップ，個展の開催である。

視座が定まれば構想は発展し，亀山さんはそれを実現する方法（人々の協働）にも習熟してきている。

2) 雄勝の森と海と人々をつなぐ　MORIUMIUS

同じように浜の復興を視野に入れて，雄勝半島の先で森と海と人々とをつなぐプロジェクトが「MORIUMIUS（モリウミアス）」である。この名称はMORI（森）とUMI（海）とUS（明日・私たち）を意味している。雄勝は海の幸と山の幸に恵まれ，硯石（すずりいし）の生産は国内90％のシェアを誇り，東京駅復元の際には屋根瓦として使われた。雄勝には浜が15あるが，漁業の工夫も異なりそれぞれ個性的である。

MORIUMIUSは，こうした雄勝の森と海の豊かな自然環境を背景に，旧桑

浜小学校を再生利用した複合体験型宿泊施設である。桑浜小学校は1923（大正12）年に創設され，2002年3月に廃校になった後，卒業生たちが行政から買い取り集まりなどに使っていたが，裏山から土砂が流れ込むなどして使えなくなり，そのままになっていた。今では学校の教室は食堂や研修室，宿泊室に改修され，2階の校長室はサロンに生まれ変わった。

フィールド・ディレクターはMORIUMIUS代表の油井元太郎さんで，職業体験型テーマパークのキッザニア東京の開業にかかわった人である。プログラムの企画・実施のリーダーはMORIUMIUS最古参の安田健司さん，インタビューに答えてくださった清水麗さんは国際関係の研究を行いながら，体験プログラムの企画・開発・運営に適宜参加している。

MORIUMIUSの母体は，立花貴さんが代表理事，油井さんが理事を務める公益社団法人Sweet Treat 311で，被災した東北の子どもたちを笑顔にする支援活動を行ってきた。2016年4月に公益社団法人MORIUMIUSへ名称変更している。

当初，仙台出身の立花さんが災害ボランティアで石巻市に入り，雄勝を中心に子どものアフタースクールなどの活動をしていた。2013年4月に人事院からきたボランティアの方が旧桑浜小学校に目をとめ，復旧・復興のシンボルになるのではないかと「雄勝学校再生プロジェクト」が始まった。

足元の桑浜地区には約30軒あるが，海に近い数軒が津波で流された。全国からボランティアが集まって再生のために活動した。地元の人も参加した。そして，2015年7月にMORIUMIUSはオープンした。

2015年10月には，大須小学校で雄勝町の運動会が行われ，MORIUMIUSでも運動会が開催された。前者の運動会ではひょうきんな消防士が，後者では地元出身の若いスタッフが司会を務め盛り上げた。12月にはMORIUMIUSランチ，2016年4月には地元の浜の人を巻き込んで花見を行った。ランチには40人が参加した。桑浜の人は面白くて元気な人が多いという。男は遠洋漁業に出て女が浜を守ってきた土地である。

学校再生の設計アイデアは，著名な建築家，東京大学やスタンフォード大学

3．石巻市の復興にみる新たな胎動　　161

図4-28　MORIUMIUS全景

図4-29　教室がダイニングに

の建築系の学生・院生・教員，デザイン会社，設計事務所等が参加してまとめ上げ，耐震補強も施された。「循環」がテーマの一つで，校庭にはビオトープ（生物生息空間）が設けられている。

　MORIUMIUSのプログラムの主要な柱は農業体験，林業体験，漁業体験を従事者との交流を通して学ぶことで，MORIUMIUSが企画するものと，オーダーメイドによるものがある。小・中学生の子どもだけが参加するプログラムは春休み，夏休み，冬休みに行い，親子で参加できるプログラムは週末に行う。大人向けプログラムや企業研修では，浜や山に行き，地域貢献として仮設住宅への支援や漁業の手伝い（帆立養殖のロープ掃除等）をする。理事の油井さんは米国の大学出身で米国内のネットワークをもち，ハーバード大学ビジネススクールの研修やインターナショナル・スクールの子どもも受け入れた。

　スタッフは，立花さん，油井さん，清水さんを入れ10人で，地元採用が2名おり，うち1人は津波で身内を亡くしたがこの雄勝で生きる道を見出した。このほかにもインターンを受け入れており，建築や映像関係等の学生が来る。清水さんは大学教員を辞めてきた人で，子どもの頃から近代的価値に違和感があり，自然に負荷をかける生き方はしたくないと思っていたという。MORIUMIUSでは自分でできる生き方の自由度は高くなるが，都市においてもできないかと考えている。

（8）震災を契機になぜ新しい動きができたのか

　震災前は"面白くない"まちであった石巻で，震災後若い世代が中心になって"面白い"事業の種がまかれている。調べていくと，さらに多くの活動があることがわかったが，とても紹介しきれなかった。では，震災を契機にした新しい動きは，なぜ始まったのだろう。

　最大の理由は震災後に延べ30万人ものボランティアが石巻市の支援にやってきたことだ。日本の内外から多様な価値観をもつ人々や，専門的知識や技術・技能をもつ人々がやってきて，「ヨソモノ」目線で石巻の価値を評価し，多彩な再生のアイデアや手法を提供し，これに石巻の人々が呼応して，自分たちの地域を見つめ直したからである。それらの活動は，"面白かった"ことで若者を惹きつけた。

　第2には，石巻には活用できる資源があったからである。津波による甚大な被害を受けたものの，市街地の骨格は残り，そこで営業して暮らす人々も残った。人口も震災により減少はしたが，15万人弱というのは人材を確保するのに適度な規模である。震災前から石巻の中心市街地は他の地方都市と同様に空洞化し，空店舗も空家も多くなっていた。震災前には重荷であったこれらの建物が，まちの再生のために活用できる「資源」となった。自分たちの手でリノベーションを行うことで，初期投資を少なくして若者が起業することを可能にした。

　第3は，震災・津波・原発事故の複合災害が多くの人々にこれまでの生き方や暮らし方を問い直す契機となったことである。20世紀の後半から，高度消費社会への反省と地球環境の持続可能性への関心が高まったものの，それらに絡み取られた生活を個々人で変えるというのは困難だった。しかし，震災・津波という悲劇の後，これまでの生活をそのまま復旧するのでは同じ悲劇を繰り返すことになる。そこから新しいライフスタイルへの転換に踏み出したのだ。

　国が繰り返しいう「創造的復興」が上からの復興だとすれば，本章で取り上げた事例は，下からの復興，すなわち地域に根ざした復興である。大きな犠牲を払った"まち"であるからこそできる再生の動きであり，これから本格的な石巻のまちの再生の段階に入る。

引用文献

1）石巻市：東日本大震災からの復興—最大の被災都市から世界の復興モデル都市石巻を目指して— 平成28年7月, p.74, 2016.（http://www.city.ishinomaki.lg.jp/cont/10181000/8235/99.hukkoujyoukyou_2.pdf, 2016年5月閲覧）
2）田久保義彦編：東北発 10人の新リーダー—復興にかける志—, 河北新報出版センター, p.290, 2014.
3）「COMOCHI石巻」パンフレット.
4）野田明宏：石巻市中心市街地 身の丈共同建替えによる自主再建. 建築とまちづくり, 2016；451.
5）石巻かほく メディア猫の目：富貴丁通りに活気を 「スペタコペタ市」若手店主ら企画 石巻, 2016年4月20日掲載.
6）日和スタイル：日和スタイルFacebook記事 2016年4月1日掲載.（https://www.facebook.com/hiyoristyle20160402/, 2016年5月閲覧）
7）みちのく仕掛け人市：石巻暮らし/食・住・衣 『日和スタイル』立上げプロジェクト.（http://michinokushigoto.jp/fair/project/365, 2016年8月閲覧）
8）宮城県復興応援ブログ ココロ・プレス：車でつながる人と人〜石巻で広がるカーシェアリング〜（石巻市） 2016年4月11日.（http://kokoropress.blogspot.jp/2016/04/blog-post_11.html, 2016年5月閲覧）

参考文献

・石巻市：東日本大震災からの復興—最大の被災都市から世界の復興モデル都市石巻を目指して— 平成28年7月, 2016.（http://www.city.ishinomaki.lg.jp/cont/10181000/8235/99.hukkoujyoukyou_2.pdf, 2016年5月閲覧）
・石巻市：石巻市の本格復旧・復興の進捗状況（2015年2月1日時点）.（https://www.city.ishinomaki.lg.jp/cont/10181000/8235/270201_jokyo_NEW.pdf, 2016年5月閲覧）
・岡田和弘編：震災復興と自治体 「人間復興」へのみち, 自治体研究社, 2013.
・塩崎賢明：復興〈災害〉—阪神・淡路大震災と東日本大震災, 岩波書店, 2014.
・佐藤滋編：東日本からの復興まちづくり, 大月書店, 2011.
・タウンモビリティ推進研究会編著：タウンモビリティと賑わいまちづくり, 学芸出版社, 1999.
・田久保義彦編：東北発 10人の新リーダー—復興にかける志—, 河北新報出版センター, 2014.
・中山徹：人口減少時代のまちづくり—21世紀＝縮小型都市計画のすすめ, 自治体研究社, 2010.
・西村幸夫編著：路地からのまちづくり, 学芸出版, 2006.
・平山洋介・斎藤浩編：住まいを再生する 東北復興の政策・制度論, 岩波書店, 2013.

終章 震災をバネに生活者に優しい石巻をめざして

　日本家政学会は，東日本大震災の生活研究に取り組んできた。本研究は石巻専修大学と共同で行うということもあり，被害の大きかった石巻市を研究のフィールドにすることとした。研究開始に先立ち石巻市長や東松島市長を訪ね，取り組みについて報告した。

　当初，被災地の外に住む私たちは被災直後の現場や被災者のようすを目の当たりにして，どのように取り組んでいけばよいのかわからなかった。また，被災者はさまざまな調査に答え続けていて，調査公害との声も聞こえ始めていた。そこで私たちは，被災者が望んでいること，被災者に寄り添うことを第一に考え，家政学の蓄積を生かせる料理教室や手芸教室の開催といった活動を始めた。活動の中から，何をどのように調べればよいのかが明らかになることを期待したのだ。

　本書は研究開始から5年が経つのにあたって，前著である『東日本大震災　ボランティアによる支援と仮設住宅―家政学が見守る石巻の2年半―』の出版以降に明らかになったことをまとめたものである。

　被災者は，避難所から仮設住宅へ，仮設住宅から自立再建した自宅や復興公営住宅へと生活の場を移すたびに，自分たちの新しい生活を創っている。本章では，復興公営住宅への入居が本格化した今，改めて石巻市の現在までの5年間を振り返り，被災者の状況や特徴を確認するとともに，石巻市が被災後に取り組んできた生活者に優しい活動とそこから生まれる可能性を展望した。

(1) 震災復興に向き合う家政学

　日本家政学会は，1995年11月17日に発生した阪神・淡路大震災以降，生活に根ざした災害復興の課題を明らかにする研究に取り組んできた。その蓄積をもとにして，東日本大震災では復興過程の課題と解決方策の研究に生活者の視点から取り組むこととした。

　東日本大震災など大きな災害に関しては多くの専門家が研究に取り組んでいる。しかし，生活者の視点から生活復興の道筋を明らかにした研究は少ない。そこで，日本家政学会東日本大震災生活研究プロジェクトでは生活者の視点に立って生活課題を明らかにし，生活再建の方向を探る研究に取り組んだ。

　はじめは仮設住宅の住民の要望にそって料理教室や手芸教室などを開催した。そうした活動は住居にこもりがちな人たちを集会場に引き出し，コミュニケーションを促す契機となり，少しずつではあるが，被災によって落ち込んだ気持ちの回復にもつながったと考えている。さらに，特産物のわかめを使った料理創作グランプリを開催して，地場産業と地域住民をつなげる活動を展開した。

　年月が経つにつれ，被災者たちは自らが経験した災害を今後の防災に役立ててほしいという気持ちをもちはじめ，自分たちの経験を語ってくれるようになった。石巻西高等学校の生徒や教職員はそうした気持ちをもって，我々のインタビューに応じてくれた。彼らの声は，お互いが助け合いながら被災から逃れた経験やそこで得た教訓を，自分たちの未来を切り開き今後の復興に挑む道筋を進むための原動力へと変えているように感じられた。

(2) 石巻の生活再建に貢献した支援団体の役割と生活支援

　震災復興には多くのボランティアが活躍し，特に泥掻きなどの初期の頃の復興で大きな威力を発揮した。これは「石巻モデル」[1]として注目されたように，ボランティアが適材適所で活躍することで復興に大きく貢献できた事例である。

　ボランティアによる支援が効果的に行えたのは，第1に，支援活動の現場で直接見聞きした被災者のニーズを，すべての支援団体が参加する毎日の連絡調整会議で調整し，きめ細かく支援に生かしていたこと，第2に，復興の段階に

応じて刻々と変化するニーズに対応できる支援を行うためにSNS等のさまざまなメディアを効果的に活用して敏速に受け入れ体制を調整するなど，それぞれの得意分野を生かして連携する仕組みが機能していたからであるといえよう。すなわち，社会福祉協議会が運営する災害ボランティアセンターを地元の人たちが立ち上げた復興支援協議会がサポートした仕組みとその連携の良さが好結果を生んだ。この「石巻モデル」が創出された背景には3人のキーパーソンが存在する。その3人へのインタビューの概要は「終章付録」として掲載したのでご一読いただきたい。

　さて，本プロジェクトでは被災者を支援するこれらの団体にインタビューを行うことによって，被災者の生活課題と復興の方向性を明らかにした。これが本プロジェクトの特徴の一つである。そこに至った理由としては，研究連携した石巻専修大学がボランティアセンターになり，そこで復興支援活動をしていた組織と石巻専修大学のメンバーとの間に付き合いが生まれ，その結果，支援組織を対象とした長期にわたる研究が可能となったことが大きい。被災者支援をしている人々の活動を調査することによって，被災の状況や復興の状況を把握する方法は，これまでにない新たな研究手法で，被災後の心身ともに辛い状況にある被災者への聞き取りとは異なった，被災地での状況調査として優れた手法であることが確認できた。発災から5年経った今，被災者は自分の言葉で被災の状況や復興の状況を語り始めた。今後は被災者を直接の対象とした調査によって，これまでに把握した実態を被災者当人の視点から確認できると期待している。

（3）支援のあり方を探る
―地域産業支援と伝統的生活文化の継承

　石巻市は，江戸時代は水運交通の拠点に位置し，「奥州最大の米の集積港」として全国的に知られた交易都市であり，明治時代以後は世界三大漁場の一つである金華山沖の漁場を背景に，かつお・いわし・さばなどの水産資源の漁港や水産加工業で栄え，ヤマニシや丸本組などの造船や港湾建設の大企業が発達

してきた.すなわち,石巻市の地域産業の特徴は水産加工業にあり,水産加工業の復興が石巻市の復興にとって重要である.石巻市ではライフラインの復旧に時間を要し,水産加工業の復興が遅れたため,地域経済が活気を取り戻すのに時間がかかった.石巻市の水産業界は震災前からの収益性の低下に苦しんでいる状況下で被災しており,震災以前の状況に復旧させるだけでなく,新しいビジネス手法を開発していくことが求められている.本プロジェクトの一員の李,石原は,「石巻・飯野川発サバだしラーメン」などの新たな特産物の開発を行い,石巻の生活文化を継承・発展させる商店の復興をめざし,地域経済を活性化すべく地場産業と連携したさまざまな取り組みを行っている.さらに本プロジェクトでは,老舗の飲食業の取り組み,地域と結びついた商店,伝統芸能を生かした伝統的な生活文化を掘り起こしている.これらが石巻らしさを継承し,地域の発展に寄与することを願っている.

(4) 復興に向かう生活者の生活課題を解決する

　復興に向かう石巻市の人々の活動を5年間にわたって見守ってきた中で,本プロジェクトの一人ひとりが,改めて生活の基本とは何かを見直すこととなった.生活の基本は生活課題に向き合うことであり,その課題を解決する道筋は,被災地に限らず,他の多くの地域にもヒントを与えてくれるであろう.ここでは石巻市におけるいくつかの事例をもとに課題解決への道筋を考える.

　第1は,住まいが暮らし方を変えていくことから,住まいの復興が生活復興のための第一歩だということである.避難所は食べたり,寝たり,入浴したりといった生きるための最低限の生理的生活活動をも十分に保障しなかった.仮設住宅の居住者は,避難所から仮設に移って良かったことは,隣に気兼ねせずに眠れ,ゆっくりお風呂に入ることができ,食事を自分で作ることができたことだと語っていた.しかし,仮設住宅では,アクセスの悪さから買い物や医療を受ける際に不便さを感じ,また畑でとれた泥付き野菜は洗えなくなり,頭のついた魚をさばけなくなったために日常的に展開されていた食文化が消えた.また,物入れの少なさから和服文化が消えていった.居住場所によって生活の

質が大きく変わることや，住まいの状況によって食生活や衣生活といった暮らし方に変化が起こることも本研究で確認できた。仮設住宅の住民調査では，自力再建をあきらめる人の割合が増えてきており，高齢者などの弱者が仮設住宅に取り残されていく状況がみえてきた。

　第2は，コミュニティづくりの難しさと重要性である。石巻市は2005年に1市6町が合併したが，それにより旧市街地区と半島部といった，まったく異なる地域が混在し，統一的な市の行政運営も難しさが増していた。そうした中で震災が起こった。これまでのコミュニティを壊さないように同じ地域の人々が同一仮設住宅に入居することを配慮しきれず，さまざまな地域の被災者が混在して入居せざるを得ないところも生じ，新たなコミュニティづくりが大きな課題となった。仮設住宅ではゴミ出しや駐車の際のルールといった合意形成や，生活課題解決のための住民の意見集約などのために，コミュニティ形成は重要な役割をもっていた。インタビューをした支援団体のいくつかは，地域の祭りやイベント開催を通したコミュニティ形成支援を柱としており，その重要性が見て取れた。

　第3は，生活弱者への生活支援である。東日本大震災でも，国の補正予算による生活福祉資金貸付を中核とした相談支援活動の一環として，仮設住宅等の被災者の相談支援活動を行う生活支援相談員が社会福祉協議会に配置された[2]。生活支援相談員は，生活に関する相談や関係部署への引継ぎのほか，公的書類の代筆や買物・通院の支援，引越や模様替えの手伝いといった「個別支援」も含まれ，対応している業務は幅広い。石巻市では復興公営住宅も生活支援員の支援の対象として現在も活動中であり，そのことは生活支援員には震災による仮設住宅への一時的な支援にとどまらない需要があることを示している。

　第4は，地域経済の活性化である。石巻経済の一つの中心であった水産業およびその関連産業は震災によって壊滅し，地域経済が大きなダメージを受けたが，港が再開して水産業が復興し始め，地域経済は動き始めた。もともと衰退しつつあった中小企業の自力再建も少しずつ増え始めた。

　石巻市は，1964（昭和39）年に新産業都市の指定を受けて石巻工業港が開港

し，今では石巻市を代表する企業である日本製紙など，全国規模の企業も誘致されて工業都市としても発展してきた。しかし，近年は陸空の貨物移送網の発達に伴う海運の衰退や輸入品に押された水産加工品業の伸び悩みなどにより，宮城県の経済を二分してきた仙台市との格差が広がっていた。こうした経済の低迷，人口減少，高齢化が進行している中で石巻市は震災に見舞われた。しかし，2016年5月には日本製紙のグループ企業である日本製紙テクノが石巻市を日本の技術を誇る新製品セルロースナノファイバーの生産拠点とするとの報道もあり，こうした新たな動きが石巻の経済復興の牽引役になることを期待したい。

　第5は，市民による新たな生活スタイルの提案である。「世界で一番面白い街をつくろう」「シェアルームによる暮らしの場からのクリエイティブデザインの発信」「浜の再生と森をつなぐ」など，石巻の枠組みを脱して，全国へ世界へ発信していく取り組みが始まっている。若者の自由な発想で伝統文化にとらわれない未来の生活様式を提案する業態の創造や，「石巻らしさ」でなく「自分らしさ」を大切にする若い人々の動きである。こうした新しい風が全国各地の過疎地域を活性化する事例となることを期待したい。

　以上の事例は，石巻市に限定された課題解決への道筋ではなく，日本全国で進行している高齢化や過疎化などにおける課題の解決や，地域の発展のための方向性を示すといえよう。

引用・参考文献

1) 中原一歩：奇跡の災害ボランティア「石巻モデル」，朝日新聞出版，2011．
2) 全国社会福祉協議会大規模災害における被災者への生活支援のあり方研究委員会：Ⅰ．被災地における生活支援・相談活動と生活支援相談員の配置．東日本大震災被災地社協における被災者への生活支援・相談活動の現状と課題〜大規模災害における被災者への生活支援のあり方研究報告書〜，2011．（http://www.shakyo.or.jp/research/11support.html，2016年9月閲覧）

終章付録 「石巻モデル」キーパーソンへのインタビュー

＊ここには，「石巻モデル」と呼ばれる，救援・復興への体制づくりに貢献した3人のキーパーソンへのインタビュー（2016年7月に実施）をまとめたものを掲載する。なお，〔 〕内の肩書は発災当時のものである。

大槻 英夫 氏
〔社会福祉法人石巻社会福祉協議会事務局長（現会長）〕

A．発災時の状況と行動

有事には，日和山にある社協（石巻社会福祉協議会の略称）の管理下の寿楽荘に職員が避難することを決めており，また，毎年6月12日の総合防災訓練にも参加をしていました。宮城沖地震以降，石巻市の補助金で防災教育を始め，無線などの機材も揃えていました。

当日はすごい揺れでしたので，確実に津波が来ると思い，無線で連絡を取りながら，全員で寿楽荘に避難しました。

B．防災計画の策定

震災前に防災計画を策定し，社協職員の阿部由紀課長補佐に全国災害支援プロジェクト会議の研修を受講させておりました。活動計画も研修の一環として業務委託でなく職員の手作りにしました。組織は人なので研修は大事です。

発災当日は，携帯の通じるうちに，災害支援プロジェクト会議にボランティア団体の協力と物資支援を要請したのですが，それは阿部の人脈があったからできたと思っています。

災害対策において，彼は職員の中でほとんど中心的な存在でした。

C．ボランティアセンターの立ち上げ

阪神・淡路大震災などの例から，間違いなく全国からボランティアが来ると想定し，震災当日の夜，寿楽荘で災害ボランティアセンターを立ち上げるための会議をしました。2時間くらいで，石巻専修大学の借用，組織建て，来る人はすべて受け入れるという基本を決めました。

次の日，まだ2メートルくらいの冠水状態でしたので，内陸部の支所に避難していた職員を大学に向かわせ準備に入りました。市と大学が，協定を締結する段階にありましたからスムーズでした。

石巻市と石巻専修大学が想定していた協定内容では，1部屋だけ借りることになっていたのですが，2部屋，3部屋，そして駐車場，野球屋内練習場と増えていきました。私は，市の職員時代に，石巻専修大学が開学した当時から，大学側と仕事上の付き合いもあり，その後も市政教室や，職員の福利厚生事業と採用試験でよく大学を利用させていただいていたこともあり，大学の協力も得やすかったと思っています。

　市が設置した衛星電話の開通と合わせ，市長から4日目に設置するよう指示が来たので，3月15日午前9時に開設しました。市の災害対策本部の傘下に災害ボランティアセンターがあるという認識のもと，社協はその運営を専任で担うということで腹を決めました。

D．広報の窓口を一本化し，ボランティアの来石を統制

　混乱期には必ず情報が輻輳するので，マスコミや来客の対応は窓口を一本化し，私一人で全部引き受けました。また，国会議員をはじめ，国，県など多くの方々が視察に来ましたが，その対応もすべて私がやりました。応対はこちらのペースで時間を決め，ドアに秘書官役の職員を一人立て，決めた時間ごとにそこにいる人をまとめて入れて行いました。

　最初は，ボランティアは10～20人くらいでしたが，2週間ぐらい経ってどんどん来るようになり，多い日は2,000人を超えるようになりました。ボランティアのコントロールもマスコミを利用（協力）させていただきました。はじめは，「ボランティアお願いします」とどんどん発信し，大量に押し寄せそうなゴールデンウィークには，「一般ボランティアは全部ストップで企業や大学生などの団体に限る」と発信し，瓦礫や集めた泥を入れる袋も10万袋が3～4日でなくなる状況で袋が手に入らなくなったときには，「袋持参の人以外は受け入れない」と情報を発信していただきました。

E．ボランティアの受け入れ体制

　まずは来た人から順番に受付して，保険に加入してもらい，ニーズにマッチングさせながら現場に赴いてもらうという流れが一つのスタイルになりました。被災者はみんな避難所で暮らしていて家に帰れていなかったので，はじめはニーズも上がってこない状況でした。そこで，ニーズを聞いてくる用紙を作って職員にビラ配りをさせて御用聞きをしました。日に日にニーズも増え，ボランティアは，新幹線で仙台までは来るだろうと想定し，チャーターした大型バス2～3台で仙台駅東口からシャトル運行し，東北福祉大学の学生の協力を得て，石巻まで搬送してもらいました。これが2か月くらい続きました。

F．予算化し本格稼働

石巻市から，「まず3月末までの半月分の経費，これぐらいで足りますか？」と言われて必要分をいただきました。その後「4月以降の新年度分はどれくらい必要ですか？」と言われ，混乱期に細かな予算書は作れないので「大体これくらいで，精算確定とすることでお願いしたい」と伝え，即決していただきました。ただ，市に勤めていたときには福祉には4年しかおらず，総務，人事，管財，秘書，企画など2/3は管理部門にいて，財務では予算査定もやっていたので，勘でおおよそわかるし，財政担当課長もすぐ認めてくれました。信頼関係ですね。

G．石巻災害復興支援協議会の立ち上げ

地元の青年会議所の人たちから，NPOなどが行う業務を自分たちにもやらせてもらいたいと申し出があり，地元なので信頼できると思って申し出を受けました。石巻災害復興支援協議会に権限を移すことには勇気がいりましたが，一般ボランティア以外の対応は，社協として，もう自力では無理だと見切りをつけました。ただし，協議会はあくまでボランティアセンターの一組織として社協の運営の下で活動し，勝手な行動はダメとしました。そこではNPO，NGOという専門団体を中心に受け入れてもらい，社協のボランティアセンターは個人の一般ボランティア中心と役割を分けました。また，市で毎日行っている災害対策本部会議には，ボランティアの動向を報告するようにしました。

H．ボランティアの人たちの統制

社協に登録しないで動いているボランティアも多くいたので，社協に登録するのは良識ある人だと考え，登録ボランティアとしてワッペンを作ってつけさせ，登録しないで活動している人との明確化を図りました。ボランティアは班編成のもとに活動していただき，午後3時には上がってもらい，その日の活動状況報告を必ずさせました。

大学の構内に寝泊まりしているボランティアが大勢いましたが，大学は禁酒・禁煙なので，そのルールについては社協や協議会がボランティアに指導し，統制しました。阪神・淡路のときには，興味本位で1，2日の短期が多かったようですが，今回は1週間から2か月の長期滞在や自給自足と，ボランティアの質も向上していたと思います。

伊東 孝浩氏
〔石巻専修大学同窓会会長，亀山紘（石巻市長）後援会会長，伊東義塾塾長〕

A．発災時の状況と行動

地震が起きたときは自宅にいたので，下の子どもを保育所に迎えに行き，妻と上の子どもたちがいる小学校に行って，そのまま避難し，しばらく避難所にいました。そのうち避難所の運営にかかわるようになったんです。避難所のすぐ下のところにデイサービスの送迎車が動かないで止まっていて，中に犠牲者がそのまま放置されていたのを，見てほしいと言われて，その遺体を確認したときは辛かったです。

B．石巻の状況を把握する

2日後に市役所に行き，こちらの状況を説明し，いろいろ情報を集めました。避難所では火を使うなと言われていましたが，温かいものが食べたいので，役所にかけあって許可をもらい，一筆書いてもらいました。道は瓦礫の山でしたが1週間後に道がつながり，5時間かかって妻の実家に行きました。実家は大きな損傷はなく，カセットコンロでインスタントラーメンを作って食べたのが，初めての温かい食べ物でした。

3月18日か19日に大学にようすを見に行ったら，ボランティアセンターが立ち上がっていました。20日に学内に避難していた卒業生に学位記授与式をするというので，出かけて行き同窓会会長として出席しました。

C．支援活動をしやすくするために地元と外からの人をつないで

復興支援協議会が立ち上がり，（石巻専修大学の）同窓会会長として出席するようになりました。市でも定例的な報告会が行われ始めました。

地元の人が音頭をとると，外から来た人も協力する体制が取れると思うんです。外から来た日本財団やピースボートなどのように災害対応に精通した人だと，こういう支援求めているからやりたいと言えば，応援隊がすぐに集まる。ボランティアの人たちは地元の要望があれば動こうと思って来ているので，彼らに話したほうが話が進みやすいです。行政は，責任はどこが負うのかというところが一番大きくて，手順を踏まないと動かない。しかし，ボランティアのようなやり方が生きるときと，行政のようにきちんと手順を踏んでやらないといけない部分を，うまく切り替えができる，もしくは並行して走らせるような仕組みづくりは必要ですね。

経験豊富な団体はボランティア受け入れなどのノウハウをもっていて，個人もボランティアをやるためにそういう団体に入ったりしていました。石巻に最後ま

で残っている団体は，少なくともまとめ役の人たちがノウハウや統率力をもっていますね．問題もあったけど，石巻災害復興支援協議会があったからこそ，ボランティアの人や団体の調整がうまくいったのは間違いないです．いろいろな要望はやはり協議会のほうに問い合わせがくるんです．そういう仕組みはほかでも参考になると思います．

D．外からの細かい要望に対応したボランティア受け入れの調整

炊き出しを学校でやりたい，子どもたちと何かやりたいなど，いろいろな目的をもったボランティアが来ます．私はサッカーのスポーツ少年団の監督をしていて，少年団協議会のブロック長もやっていたので，この辺りの学校やチームの情報をある程度もっていたので，要望に合わせた調整を協議会から頼まれてやっていました．あと保育所も子どもが通っていたので，ほとんど子ども関係のボランティアの調整は私のところにきました．

学校の状況や先生方の苦労もわかっていたので，このような形で実施すれば，やるほうもやってもらうほうも，どちらにとってもより良いものになることを第一に考えてマッチングもしていました．例えば元日本代表サッカー監督の岡田さんがこちらに来て子どもたちと何かやりたいというときに，あそこの学校なら場所が使えそうだ，それだとこのチームに相談すればよいかなと段取りをしました．まあ，震災のひどかった地域に少しでもネットワークが残っていたら，なるべくその要望に応えられるように，使えるものはみんな使ってというように対応していたんです．

(喫茶店でのインタビューであったが，そばを通る人が挨拶をしていく．あちこちに知り合いが多いことがわかった．)

E．黒子に徹して

私も石巻専修大学の同窓会会長として復興支援協議会に参加していました．市長の後援会長でもあるので，私が問題を起こすと市長に迷惑がかかるので，応援はいろいろできますが，目立つところに名前を出すのは断り，なるべく控えめにしていました．

市長に気軽にものを言えるのですが，中にはそのような行動をみて憶測で騒ぐ方もいるので，情報は伝えるにしても，あくまで判断は市長なので，判断に影響するようなことは言わないように気をつけました．後援会の意向を汲んでやってくれというようなことは一切しませんでした．

F．見落としがちなことに対する気づきときめ細かな対応

石巻専修大学はテント村になっていますが，あるとき，夜間に雪が降ったので，なんとなくやばいなと思ってようすを見に行ったら，案の定テントのいくつ

かが雪でつぶれていました。そこで社協さんに，今晩だけ建物の中に入れてあげたほうがよいと言ったんです。でも社協さんは大学の許可がないとできないと言う。そこで，個人的に知っている大学の課長さんに電話して，明日の朝には現状復帰で返すから，今晩だけ中に入れて，暖房つけて使えるようにならないかとお願いしたんです。最初は渋っていたんですが，大学構内で低体温症とか出て救急車が来るほうがまずいのではないかと言ったら，課長が自分の責任で許可してくれて，守衛さんに連絡してくれました。やはりそのとき，低体温に近い危ない方が一人いたので，良かったです。何かあってテントやめてくれとなったら，行く場所がなくなってしまう。余震で一度大きい揺れがあったときも，大学の中に入れるようにしました。震災でとにかく命が大事と身に染みているので，そういうような措置をするのは当然ですね。

G．同窓会会長として石巻専修大学を支えて

　同窓会会長としては，大学の立場をなるべく尊重しようと考えていて，学生あっての大学なので，早めに大学再開を保証してあげたいと思っていました。被災地の大学なので勉強が保証できないというのは学生に申し訳ないという思いがありました。

　被災している人も支援に回らなければならないという考えがあり，いろいろな大学から学生がボランティアに来て活動しているのに「地元の学生は？」という声があったんですが，学生も職員も被災していてそこまで余裕がある人はほとんどいない状態でした。活動できる人は活動し，できない人は来ないというのを認めていったほうがよいと思うので，同窓会としてボランティアを組織するようなことはしませんでした。

　自分はまだこの土地を離れる予定はないんです。何か少しでも役に立てればよいというか，一緒に大学をつくってきたという感覚があるので，大学がここにあるからここにいつまでもいようというのが一番大きい理由かな。

坂田　隆 氏
〔石巻専修大学学長（現理工学部教授）〕

A．発災時の状況と行動

　札幌にいたときに地震が起こりました。夜7時に大学と二度目の電話がつながって、その時点で学内の死傷者はなく、近隣住民を含めて150人が学内にいることと、備蓄食料を配付したという報告を受けました。石巻には帰れなさそうなので、羽田に飛んで、東京神田の（専修大学の）法人本部に行って後方支援をすることにしました。神田校舎も帰宅困難者の避難所になっていて、そのお世話をみんなが徹夜でやっていて、役員も目を真っ赤にしてました。法人本部では、石巻の今後の検討や文部科学省とのやり取り、給与の支払い手続きなどをやって、石巻には庄内空港経由で17日に戻りました。

　総合ビタミン剤を買い込んで石巻に帰ったのですが、案の定、皆さんビタミン不足の症状が出ていて、でも薬を飲ませたら3日くらいで治りました。自分も1か月くらい支援物資しか食べていなかったら、3階の学長室まで上がるのが辛くなってきた。たんぱく質不足で筋肉が落ちたんですね。一応栄養学の専門家なのでわかるんです。

B．防災協定の締結

　協定をつくろうと言ったのは社協の大槻さんです。協定の中にボランティアセンターを入れることは市や大学は考えていなくて、社協さんが言ったのです。石巻市と大学で防災協定を結ぶことになっていました。石巻専修大学は石巻市など地域の方々に支援していただいて開学した大学なので、地域への貢献は大学の大きな使命なのです。なので社協に一部屋貸す、ボランティアセンターの事務部門を置く、どの部屋を貸すかまで決まっていて、教授会決定も終わり、法人の決済も2011年1月には下りていました。しかし市長と私の日程が合わなくて、調印が2か月延びていたのです。

C．避難民の受け入れからテント村への拡大

　避難所は協定に入っていなかったけど、2010年のチリ地震で津波警報が出たときに、近隣の人が避難してきたら校舎に入ってもらいましょうと事務方に話していたので、避難者を受け入れるのは自然でした。ボランティアのテント村は想定していませんでした。1部屋がワンフロアに、全校庭に、室内練習場にとアメーバのようにどんどん広がっていきました。ヘリポートはもともと県警と東北電力の臨時着陸場になっていたし、自衛隊の受け入れは市長から依頼がありました。市内の状況を見ていればほかに選択肢はないというのはわかりました。

D．大学の対応

　社会福祉協議会とか伊東君とかがかなり配慮してくれて，大学が直接表に立たないように工夫してくれたのが成功の大きな鍵だったと思います。大学と外部とのクッションの役割を果たしてくれました。

　皆さんから「大変だったでしょう」と言われますが，それほど大変ではなかった。選択肢がないのでそれでいくしかない。緊急事態で必要なのは，ある意味ドーンと構えていることだと思います。いろいろな提案も上がってくるのですが，どこまで取ってどこを取らないかを決めていくのが私の仕事で，取り返しのつくしくじりはしくじりとは考えないことにしていました。70点ぐらいですかね。それと法人本部がバックアップをよくしてくれた。現地の判断を良しとしてくれたんです。あの当時ダメと言われたことは一つもないです。

E．復興共生プロジェクトの始動

　やられっぱなしはおもしろくない，何かやろう，ということで復興共生プロジェクトというのを始めたんです。他の大学は「支援」ですけど，我々は被災者ですから一緒に生きていきましょうということで，見下ろしの支援でない「共生」にしました。

　もう一つ大事にしたのは決めすぎないこと。被災地の防災と復興に資する事業を行うとしておけば何でもできる。学長と共創研究センター長，大学開放センター長の3人で決定し，教授会には報告するだけにして，迅速な対応ができる組織としました。復興を目的とするのではなく，現在か将来の学生に利益が返ってくることをしようとしました。

インタビューから
災害ボランティアセンター成功の秘訣を探る

　3人はそれぞれの得意とするものをもっており，それがうまく絡み合って，災害ボランティアセンターを中心とした救援・復興支援の成功があったといえよう。
　大槻氏は，石巻市職員の長い経験から市の仕組みを熟知し，人脈も豊富であった。行政と連携が重要なこの取り組みでは，その力が十分に発揮され，予算要求など市への要望書の書類作成は迅速で的確であったことで，いろいろな仕組みがスムーズに形成された。また，今回重要な役割を果たした防災協定書の締結は，大槻氏が災害時のボランティアセンターの設置運営は社会福祉協議会の重要な任務と認識し，行政を含めた防災協定書の締結を提案したことがその基盤となっている。
　伊東氏は，石巻人として豊富な人脈をもち地元からの信用も厚く，氏がつなぎ役であったおかげで，復興支援センターの中にNGO・NPOといったさまざまな民間支援団体が連携する復興支援協議会を組織できた。また，困窮している避難者の実態やNGO等の支援活動の課題などについて必要かつ最小限を市長に伝えていたり，石巻専修大学のキャンプ村で事故やいざこざが起きないように見守っていたりと，大きな問題もなく組織が運営された陰には伊東氏の黒子としての活躍があったといえる。
　坂田氏は，研究者としての分析力と石巻専修大学学長としての経営経験を生かし，全体を客観的に分析して大過ないと判断したものにはゴーサインを出して分担者を信頼して任せるという姿勢で臨んでいた。前例主義でなくデータで判断する対応によって，前例が役立たない想定外の事態に対して的確な判断がなされ，スムーズな運営ができたといえよう。
　さらに付け加えれば，3人に共通していることは，責任は自分が取るという覚悟であり，判断の確かさと決断の素早さである。緊急事態に即断は重要である。100%完璧な判断がなされる保証はないが，その瞬間における最善の判断ができるか否かが重要であり，それができたことによって，他に類をみない「石巻モデル」が形成されていったのである。

〔責任編集者〕

大竹美登利（おおたけ　みどり）　　東京学芸大学
坂田　　隆（さかた　たかし）　　　石巻専修大学理工学部

〔著　者〕（執筆順）

宮野　道雄（みやの　みちお）　　　大阪市立大学
中島　明子（なかじま　あきこ）　　和洋女子大学家政学群
生田　英輔（いくた　えいすけ）　　大阪市立大学大学院生活科学研究科
山崎　泰央（やまざき　やすお）　　石巻専修大学経営学部
佐々井　啓（ささい　けい）　　　　元日本女子大学家政学部
萬羽　郁子（ばんば　いくこ）　　　東京学芸大学教育学部
小川　宣子（おがわ　のりこ）　　　中部大学応用生物学部
久慈るみ子（くじ　るみこ）　　　　尚絅学院大学総合人間科学部
野田奈津実（のだ　なつみ）　　　　尚絅学院大学総合人間科学部
浜島　京子（はまじま　きょうこ）　福島大学人間発達文化学類
吉井美奈子（よしい　みなこ）　　　武庫川女子大学文学部
李　　東勲（い　どんふん）　　　　石巻専修大学経営学部
石原　慎士（いしはら　しんじ）　　石巻専修大学経営学部

東日本大震災
石巻市における復興への足取り
―家政学の視点で生活復興を見守って―　定価(本体2,000＋税)

2016年（平成28年）11月30日　初版発行

編者　(一社)日本家政学会東日本大震災生活研究プロジェクト
　　　石巻専修大学復興共生プロジェクト

発行者　筑紫和男

発行所　株式会社建帛社 KENPAKUSHA

112-0011 東京都文京区千石4丁目2番15号
TEL (03) 3944-2611
FAX (03) 3946-4377
http://www.kenpakusha.co.jp/

ISBN978-4-7679-6521-5　C3036
©(一社)日本家政学会, 石巻専修大学, 2016.

プロスト／愛千製本所
Printed in Japan

本書の複製権・翻訳権・上映権・公衆送信権等は株式会社建帛社が保有します。
JCOPY〈出版者著作権管理機構　委託出版物〉
本書の無断複製は著作権法上での例外を除き禁じられています。複製される場合は、そのつど事前に、出版者著作権管理機構 (TEL 03-3513-6969, FAX 03-3513-6979, e-mail:info@jcopy.or.jp) の許諾を得て下さい。